あなたの〝走り〟はまだまだ進化する!

低糖質&抗酸化ランニングのすすめ

Low Carbohydrate Antioxidation

トレイルランナー
鏑木毅
+
予防医学研究者
菊地恵観子

初心者にもオススメ!

実務教育出版

速く走れる

栄養の基礎知識を押さえる

低糖質とは?　脂肪燃焼とは?　間違った知識で間違った食生活を送ってしまわないためにも、栄養学の基礎知識を押さえておきましょう。

自分のタイプに合った低糖生活

より速く、軽やかに走るためには、「低糖生活」への切り替えが必要です。自分に合った低糖生活を送るために、セルフチェックをしましょう。

すき間時間にトレーニング

「低糖生活」をしながら、すき間時間を有効活用してトレーニングを始めましょう。キーワードは、「かけ算的トレーニング」です。

抗酸化物質を生活に摂り入れる

速く、軽やかに走れるようになったら、「長く」続けたいもの。抗酸化物質を摂り入れた食生活で、息の長いランニングライフを送ることができます。

軽やかに走る

いつまでも走れる

会社で、家で ながらストレッチ&セルフマッサージ

Training

本書では、忙しいみなさんのために、短い時間で効率的にできるトレーニングを紹介しています。しかし、忘れてはならないのは食生活。走るためのカラダを作っているのは、食べ物なのです。

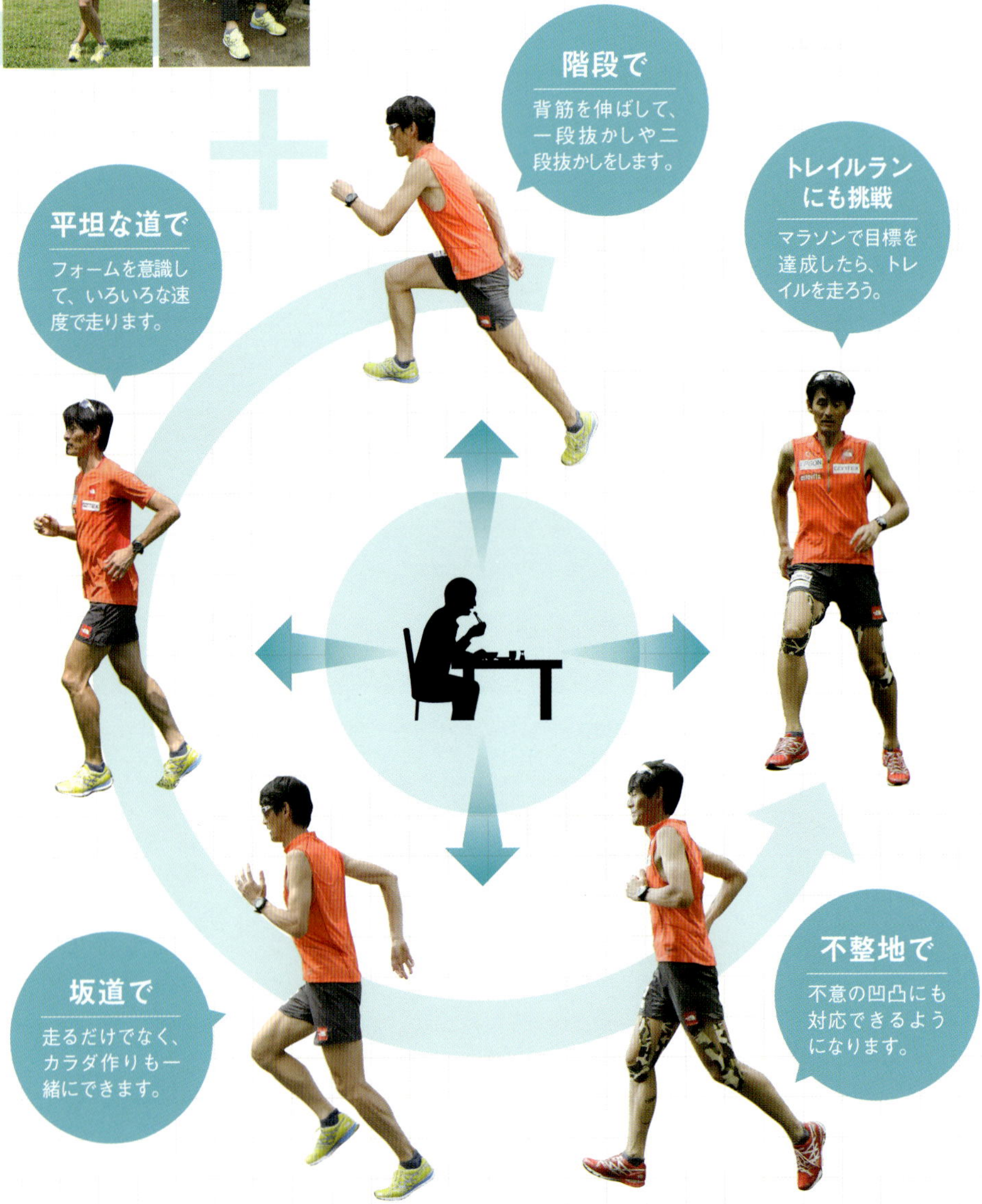

階段で
背筋を伸ばして、一段抜かしや二段抜かしをします。
トレイルランにも挑戦
マラソンで目標を達成したら、トレイルを走ろう。
平坦な道で
フォームを意識して、いろいろな速度で走ります。
不整地で
不意の凹凸にも対応できるようになります。
坂道で
走るだけでなく、カラダ作りも一緒にできます。

はじめに

経験に裏打ちされた「低糖」「抗酸化」の力

私とランニングとの出会いは中学2年のとき。野球部でレギュラーになれず悶々としていた私は、グラウンドを気ままに走っている陸上部がうらやましく眺めていました。陸上部に入り直し、以降は地元の県立高校、早稲田大学で、長距離走に打ち込みました。卒業後、地元の群馬県庁に就職し、ランニングから4年ほど遠ざかっていた頃のことです。トレイルランの新聞記事を目にし、「このレースに出れば人生が変わるかもしれない」という予感を抱いたのです。初レースを完走後、私を捉えたのは、再びランニングに打ち込む気持ちになれた幸福感でした。

その日以降、公務員として仕事をしながら、自分で試行錯誤して、すき間時間を有効活用するトレーニングメニューを作って実践しました。本書を手に取ってくださった方の多くが、仕事の合間にランニングを楽しんだり、レースでの完走や記録更新を目指したりしている方だと思います。本書では、私が実践し、実際に効果のあったトレーニングを紹介しています。

また、レースで好成績を残すためには、食生活の改善も必要不可欠です。本書で提案したいのが「低糖」生活に基づいた「脂肪燃焼ランニング」。あるトレイルランのレース前、糖質たっぷりの食事をしていた私を見て、外国人ランナーに呆れられたことがありました。海外では、「低糖の食事」と「脂肪燃焼エネルギーによる走り」が当たり前だったのです。それ以来、レースに向けてカラダを作り上げる期間には、「低糖の食事」を心掛けています。

本書のもう1つの特徴は、いくつになっても自分の能力を高いレベルで引き出すために「抗酸化ランニング」を推奨していること。私は、抗酸化物質を含む食品を意識的に摂取しています。ただし、「私の経験」は両輪の片方でしかありません。これまで実践してきた「低糖質」「抗酸化」ランニングについて、予防医学研究者と管理栄養士の立場から菊地恵観子先生にご意見をいただき、ともに執筆していただきました。

40代後半になる私が、世界レベルで戦っていられるのは、「低糖」「抗酸化」を意識し、すき間時間を活用してトレーニングを重ねているからです。本書で紹介したノウハウは、決して難しいものではありません。運動の頻度や食習慣のタイプに応じて、無理なく取り入れることができるものばかりです。初心者の方にも、自信を持っておすすめできます。本書を読まれたみなさんの走りを、より進化させる役に立てれば幸いです。

2016年10月

鏑木 毅

Contents

Part3 脂肪エネルギーを使って走るためのトレーニング

Contents

Part 01

6大栄養素をチェック！

ランナーのための新しい栄養学

- ■STEP01　6大栄養素と体内での役割
- ■STEP02　エネルギー（ATP）が生み出される仕組み
- ■STEP03　エネルギー源となる栄養素
- ■STEP04　カラダを作る栄養素
- ■STEP05　身体機能を調節する栄養素
- ■STEP06　走るために必要なエネルギー
- ■STEP07　脂質燃焼と糖質燃焼の違い

STEP 01

6大栄養素と体内での役割

6大栄養素とは?

本書で提案する「低糖質」のメカニズムについて触れる前に、まずは私たち人間の身体活動や生命維持に必要不可欠な栄養素について理解を深めておきましょう。

栄養素は、炭水化物・脂質・タンパク質・ビタミン・ミネラルと大きく5つに分けられます。これが、5大栄養素です。このうち炭水化物は、エネルギーとして使われる「糖質」と、使われない「食物繊維」に分けられます。エネルギー源にならないからといって食物繊維は不必要かといえばそうではなく、大腸ガンの予防や便秘の解消、食事による血糖値の急上昇を抑える効果など、人体に有益な働きをしてくれるのです。

そのため、本書では、この「食物繊維」も体内で大切な役割を果たす栄養素の1つとみなし、6大栄養素として話を進めていくことにします。

栄養素それぞれの役割

6つの栄養素には、それぞれの役割があります。

①エネルギー源となる栄養素(3大栄養素)
炭水化物(糖質)、脂質、タンパク質

②エネルギー産生を円滑にする栄養素
ビタミン

③筋肉の肥大、骨格の強化をする栄養素
タンパク質、ミネラル

④身体機能を調節する栄養素
ビタミン、ミネラル、食物繊維

本書の目的である「速く」「軽やかに」「いつまでも」走れるカラダを作るには、これらの栄養素をバランスよく取り入れ、①の3大栄養素を円滑にエネルギーに変換させる必要があります。14ページでは、エネルギーが作り出されるまでの仕組みを見ていきましょう。

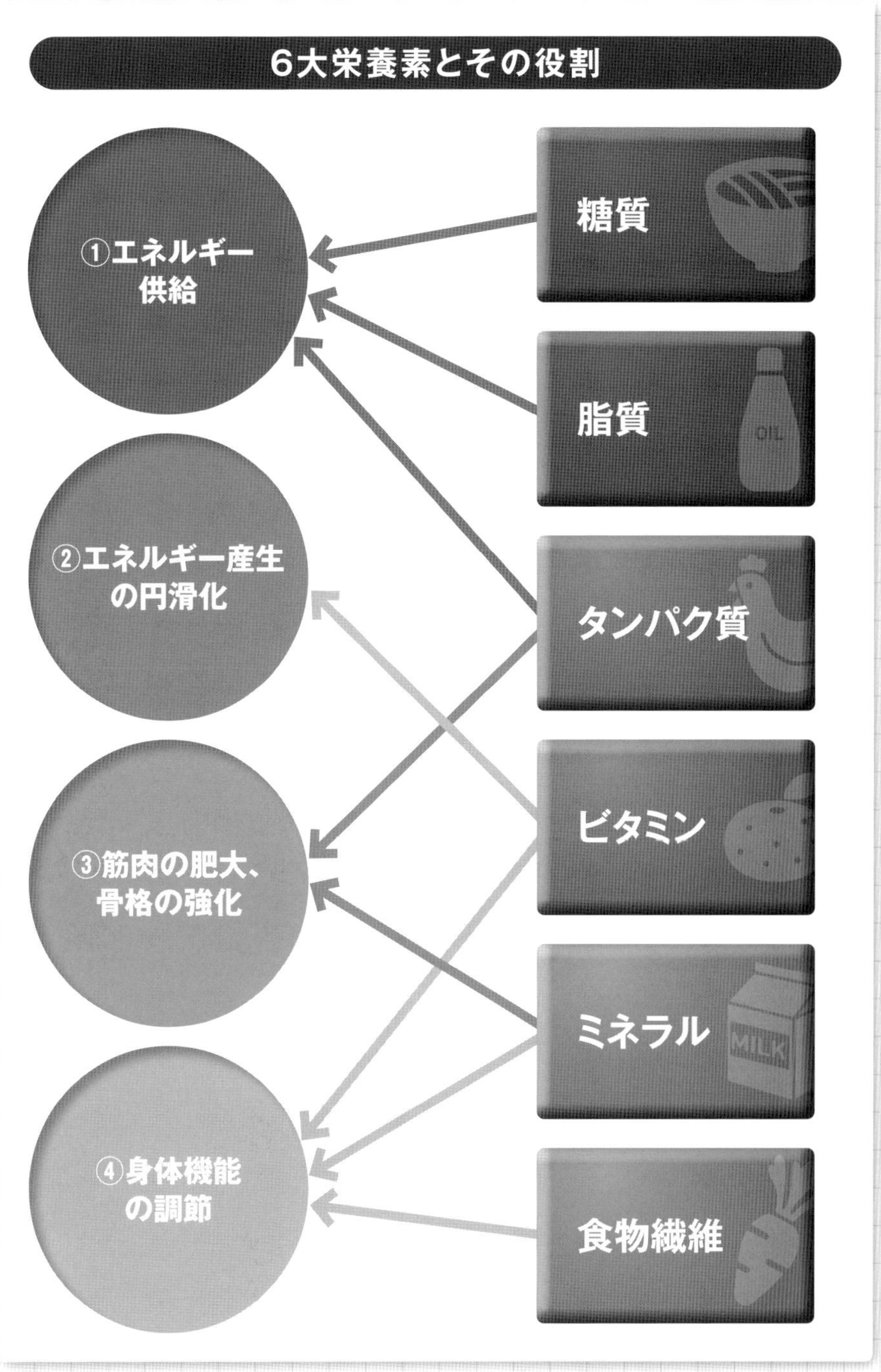
6大栄養素とその役割
①エネルギー供給
②エネルギー産生の円滑化
③筋肉の肥大、骨格の強化
④身体機能の調節
糖質
脂質
タンパク質
ビタミン
ミネラル
食物繊維
OIL
MILK

STEP 02

エネルギー（ATP）が生み出される仕組み

エネルギーはどのように生まれるか

座る、立つ、歩く、走るといったあらゆる身体活動にはエネルギーが必要です。そのエネルギーの材料となるのが糖質・脂質・タンパク質の３大栄養素であり、このうち「糖質」は最も主要なエネルギー源です。

糖質が体内に入ると、小腸で消化され、グルコース（ブドウ糖）に分解されます。この分解されたグルコースが最終的にピルビン酸という物質になるまでの過程で、エネルギー分子であるATP（アデノシン三リン酸）が生まれます。ここまでは無酸素状態でも行なわれますが、作り出せるATP分子の数は2分子のみ。より多くのエネルギーを作り出すには、酸素が必要になります。呼吸により酸素が体内に供給されると、ピルビン酸はアセチルCoAに変わります。アセチルCoAがTCA回路（クエン酸回路）に入ると、今度はオキサロ酢酸と結合してクエン酸となり、TCA回路を一周する間に最大で36個のATPを作り出すことができるようになります。つまり、有酸素運動で新鮮な酸素を全身に送り込むほどエネルギーはたくさん作られるということ。その結果、体内のカロリー消費量が上がり、痩せやすくなるのです。

優先的に使われる糖エネルギー

左の図を見てみましょう。これは、エネルギーが作り出されるまでの産生サイクルです。糖質が主要なエネルギー源となるのは前述した通りですが、この糖質が体内から少なくなると、ようやく「脂質」を使ったエネルギー回路が動き始めます。逆を言えば、体内に糖が多く残る場合は糖が優先的に使われてしまい、脂質はエネルギーとして使われにくくなるのです。

そこで食品から摂取する糖質をできるだけ抑え、脂質を効率的に使おうというのが20ページで詳しく解説する低糖質の理論になります。

エネルギー産生サイクル

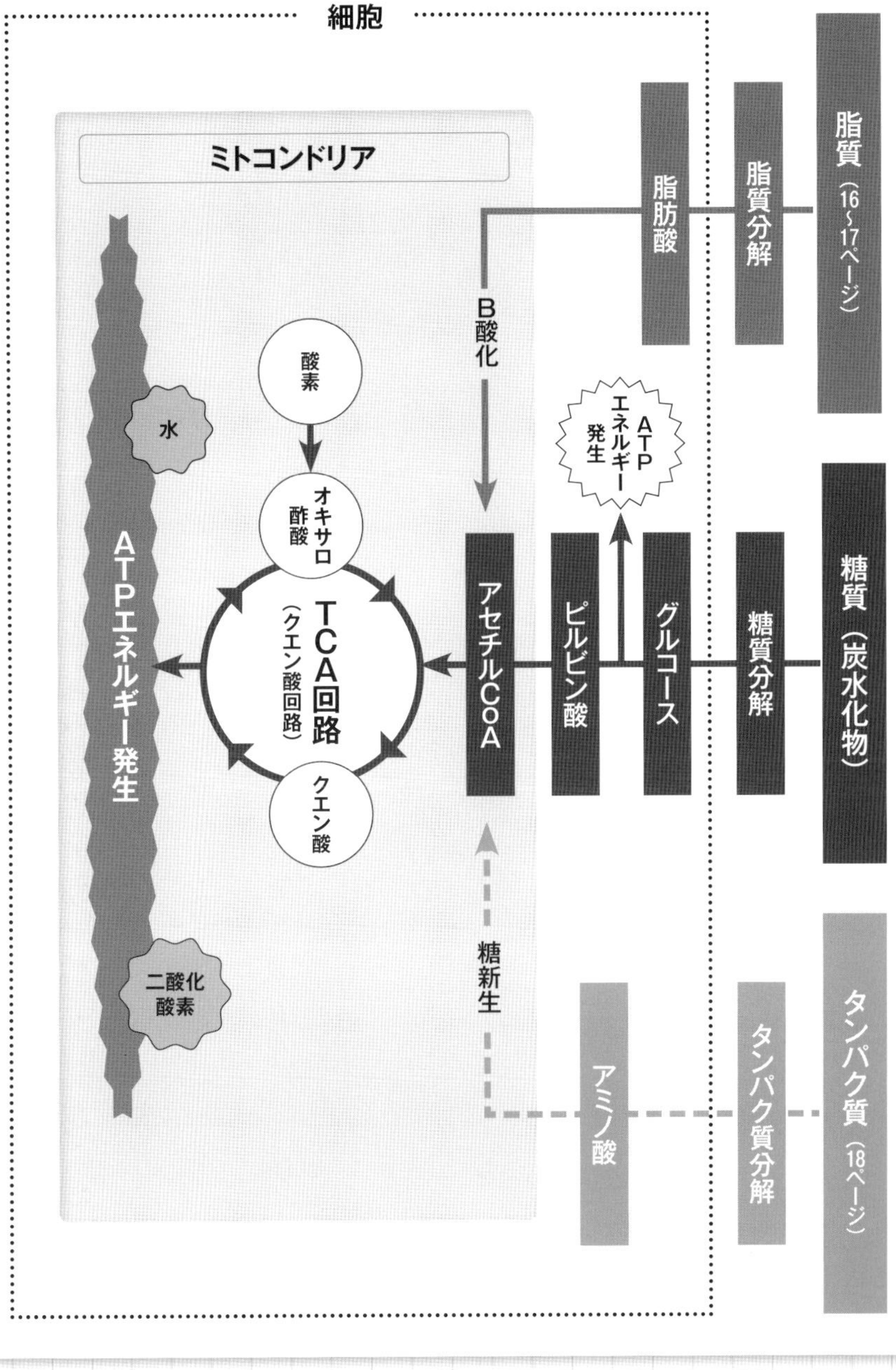

STEP

03

エネルギー源となる栄養素

エネルギー源と着火剤としての糖質

人間の体内には、糖質が分解されてできたグルコース（ブドウ糖）の一部を、グリコーゲンとして筋肉や肝臓にストックしておけるシステムがあります。貯蔵されているグリコーゲンを必要に応じて取り出すことで、〝エネルギー切れ〟を防ぐことができるのです。しかし、筋肉や肝臓にストックできるグリコーゲンの量は最大で約2000キロカロリー分と言われています。市民ランナーがフルマラソンで消費するエネルギーは2000〜3000キロカロリーほどなので、2000キロカロリーの燃料はフルマラソンを走り切れるギリギリライン。最悪の場合、走っている最中にエネルギー切れが起こる可能性もあります（いわゆる低血糖状態）。そこで私（鏑木）はガス欠状態にならないために、長時間走るレース中はエネルギージェルを必ず摂り入れています。ジェルは繊維質を含まないブドウ糖なので、体内に消化・吸収されやすく、短時間でエネルギーになるのです。

ジェル（ブドウ糖）の補給はエネルギー切れを防ぐためがほとんどですが、実は体内の脂肪を燃焼させる〝着火剤〟にもなります。というのもヒトの体内では、糖は単体でエネルギーになるのに対し、**脂質は糖質がないとエネルギーに変換できない仕組みになっている**からです。

カラダによい脂肪の働き

ランニングはカラダが身軽なほど走りやすいため、脂質を極端に控えて体重を減らそうとするランナーも多くいます。ですが、脂質は悪いことばかりではありません。生命維持に関わる役割を担っているほか、悪玉コレステロールを下げる働きをするもの、吸収が早くエネルギーに変換されやすいものなど、種類によって役割は様々。左ページは、脂質の構成要素である「脂肪酸」の種類をまとめた表です。詳しくはＰａｒｔ２で紹介しますが、カラダにとってよい油は、積極的に摂るように心がけましょう。

脂肪酸の種類

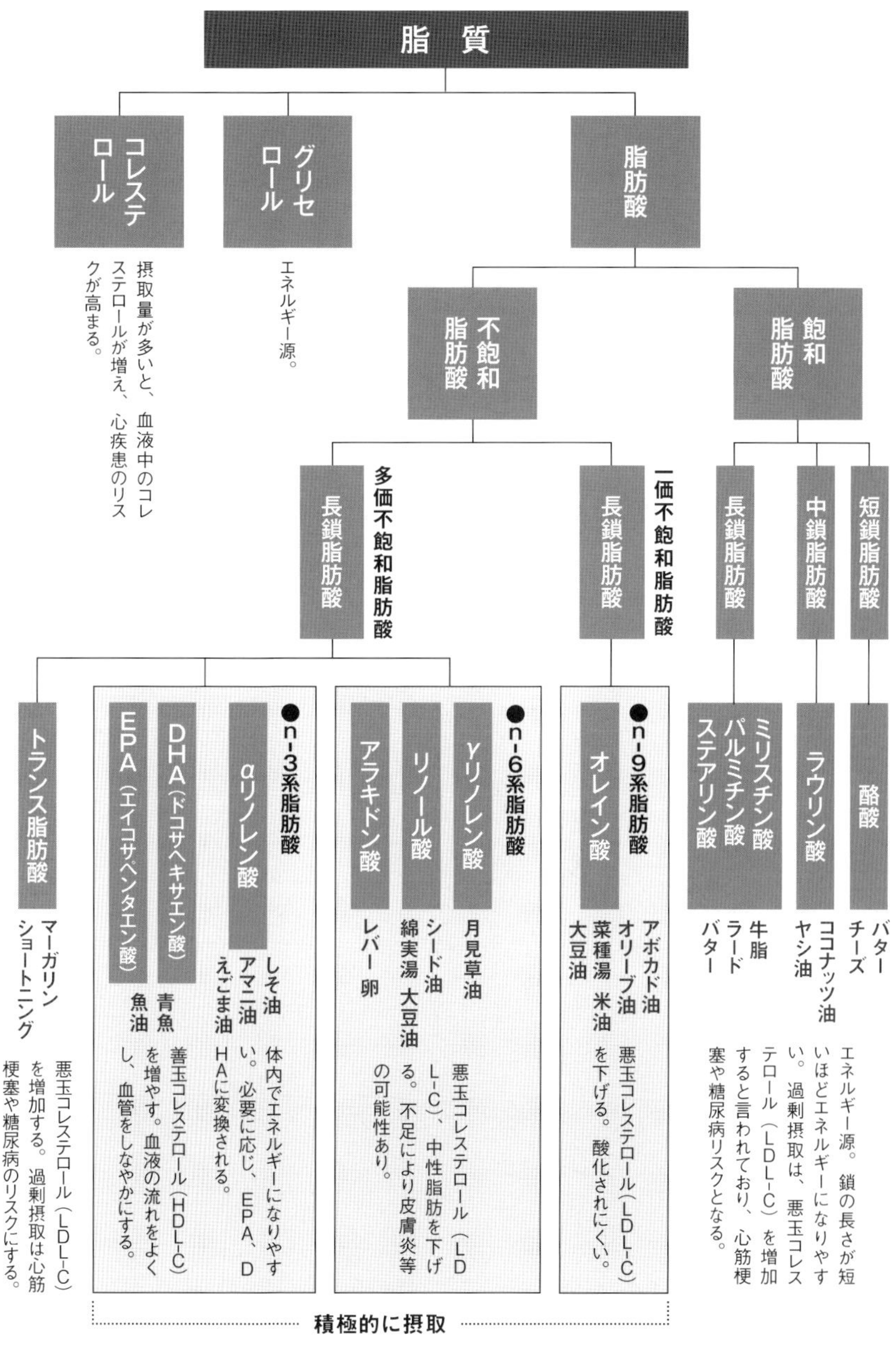
脂質
コレステロール
摂取量が多いと、血液中のコレステロールが増え、心疾患のリスクが高まる。
グリセロール
エネルギー源。
脂肪酸
不飽和脂肪酸
飽和脂肪酸
多価不飽和脂肪酸
長鎖脂肪酸
一価不飽和脂肪酸
長鎖脂肪酸
長鎖脂肪酸
中鎖脂肪酸
短鎖脂肪酸
トランス脂肪酸
マーガリン
ショートニング
悪玉コレステロール（LDL-C）を増加する。過剰摂取は心筋梗塞や糖尿病のリスクにする。
●n-3系脂肪酸
αリノレン酸
しそ油
アマニ油
えごま油
体内でエネルギーになりやすい。必要に応じ、EPA、DHAに変換される。
DHA（ドコサヘキサエン酸）
EPA（エイコサペンタエン酸）
青魚
魚油
善玉コレステロール（HDL-C）を増やす。血液の流れをよくし、血管をしなやかにする。
●n-6系脂肪酸
γリノレン酸
リノール酸
アラキドン酸
月見草油
シード油
綿実湯 大豆油
レバー 卵
悪玉コレステロール（LDL-C）、中性脂肪を下げる。不足により皮膚炎等の可能性あり。
●n-9系脂肪酸
オレイン酸
アボカド油
オリーブ油
菜種湯 米油
大豆油
悪玉コレステロール（LDL-C）を下げる。酸化されにくい。
ミリスチン酸
パルミチン酸
ステアリン酸
牛脂
ラード
バター
ラウリン酸
ココナッツ油
ヤシ油
酪酸
バター
チーズ
エネルギー源。鎖の長さが短いほどエネルギーになりやすい。過剰摂取は、悪玉コレステロール（LDL-C）を増加すると言われており、心筋梗塞や糖尿病リスクとなる。
積極的に摂取

STEP

04

カラダを作る栄養素

脚力・走力アップの鍵を握るタンパク質とミネラル

筋肉の肥大、骨格の強化をする栄養素が、「タンパク質」です。成人の1日の推奨摂取量は体重1kgあたり約1gですが、運動を日常的に行う人はこれの約1.5〜2倍の摂取を推奨されています（摂れば摂るほどよいわけではありません）。必要とされる理由は、筋肉や骨、血液、内臓、皮膚、毛髪、爪などカラダの構成成分になるため。中でも筋肉は、80％がタンパク質でできています。他にも、病気やケガに対する抵抗力を高める免疫材料になるホルモンや神経伝達物質を作り、脳や神経の働きを活発にするなど、カラダを作る上で重要な役割を担っています。

もう1つ忘れてはならない栄養素が「ミネラル」です。中でも、ランナーにとって特に重要なのがカルシウムと鉄。カルシウムは丈夫な骨を維持して骨折などのケガを予防し、鉄はヘモグロビンの材料となり酸素をスムーズに運搬する役割を果たします。これらは普段の食事で不足しやすいだけでなく、汗と一緒に流失してしまったり、ランニング時の着地の衝撃により赤血球が壊れやすかったりと、損失しやすいものなので不足しないように摂取しましょう。

■アミノ酸の種類

必須アミノ酸

イソロイシン　ロイシン　バリン
ヒスチジン　フェニルアラニン
トリプトファン　リジン　メチオニン
スレオニン

非必須アミノ酸

アスパラギン酸　グルタミン酸
アスパラギン　グルタミン　アルギニン
チロシン　グリシン　アラニン
システン　セリン　プロリン

タンパク質は、上の20種類のアミノ酸からできています。そのうちの必須アミノ酸は、体内で合成することができないので、食事から摂取しなければなりません。必須アミノ酸を含む食品は124ページ参照。

CONDITIONING

STEP 05

身体機能を調節する栄養素

ビタミンの種類とその働き

カラダの機能を調整する栄養素の代表格は「ビタミン」です。ビタミンは全部で13種あり、それぞれ役割が異なります。種類ごとにその役割を見ていきましょう。

・ビタミンB群

15ページのエネルギー産生サイクルを円滑に回すためには、このビタミンB群が不可欠になります。口から摂取した糖質や脂質を分解する工程で働く酵素を助け、代謝をスムーズにしてくれるのです。ビタミンB群は8種類あり、それぞれサポートする酵素が異なるため、満遍なく摂取するのが望ましいでしょう。

・ビタミンC

ビタミンCはビタミンB群とともに水溶性であり、体内で使われないと排泄されます。そのため、毎食摂るのが理想とされています。主な働きは抗酸化作用。Ｐａｒｔ４で詳しく解説しますが、運動中は生活習慣病の原因にもなりうる活性酸素が増えやすいと言われています。これを抑えるために必要な栄養素です。また、ランナーに不足しがちな鉄の吸収を助けたり、細胞をつなぐコラーゲンの合成に役立ちます。

・ビタミンA

抗酸化作用があります。皮膚や粘膜、目の健康を守り、感染症を防ぐ働きをします。

・ビタミンE

高い抗酸化力を持ちます。細胞膜に存在するため、有害な過酸化脂質から細胞を守ります。

・ビタミンK

丈夫な骨作りに欠かせないカルシウムを、骨へ沈着させる手助けをします。また、出血を止める作用があります。

・ビタミンD

カルシウムの吸収をサポートします。また、ビタミンKとともに吸収したカルシウムを骨へ沈着させる働きもあるため、丈夫な骨作りには欠かせません。

STEP
06
走るために必要なエネルギー

ランニング強度によって糖質と脂質が使われる割合が変わる

エネルギーを生み出す主材料となるのは糖質であること、そしてその糖質量が体内で少なくなると脂肪が使われると16ページで解説しました。では、実際にランニングをする場合は、どのぐらいのペースで走ると最も効率的に脂肪を利用できるのでしょうか。

ランニングは、強度によってエネルギーとして使われる糖質と脂質の割合が変わってきます。左ページの上表を見てみましょう。強度はその人の体力レベルによっても異なりますが、例えば100mダッシュなど、心拍数が一気に上がって「かなり苦しいペース」で走る時は、糖質がメインで使われます。反対に、お喋りをしながらでも呼吸が乱れないぐらいの「ゆっくりペース」で走る時は、糖質と脂質が半々の割合で使われています。ちなみに、最も脂肪が燃焼しやすいのは運動強度が50%ぐらい（体感的な目安）の時であると言われているため、「ゆっくりペース」とは自分が出せる半分ぐらいの力で走ることを指します。

運動強度とトレーニングの関係

左ページの下表を見てみましょう。これは脂肪を効率的に使うために、どれぐらいの運動強度をどの程度の割合で行えばよいのかを走力（フルマラソンのタイム）別に見た表です。具体的にいうと、フルマラソンを4時間程度で走る人であれば、1ヶ月や1週間の練習を「ずっとお喋りしていられるペース」を70%、「お喋りはできるが、長時間はキツイペース」を20%、「黙って集中して走るペース」を10%の割合で配分しようというもの。1日の練習で再現するなら、ランニング時間を1時間とる場合、40分をゆっくり走り、12分はペースを上げ、残り8分はさらに追い込むといった具合。このように脂肪を優先的に使う習慣を作ることで、長時間走っても疲れにくいカラダになるというわけです。

運動強度別トレーニング

■運動強度とエネルギー供給の関係

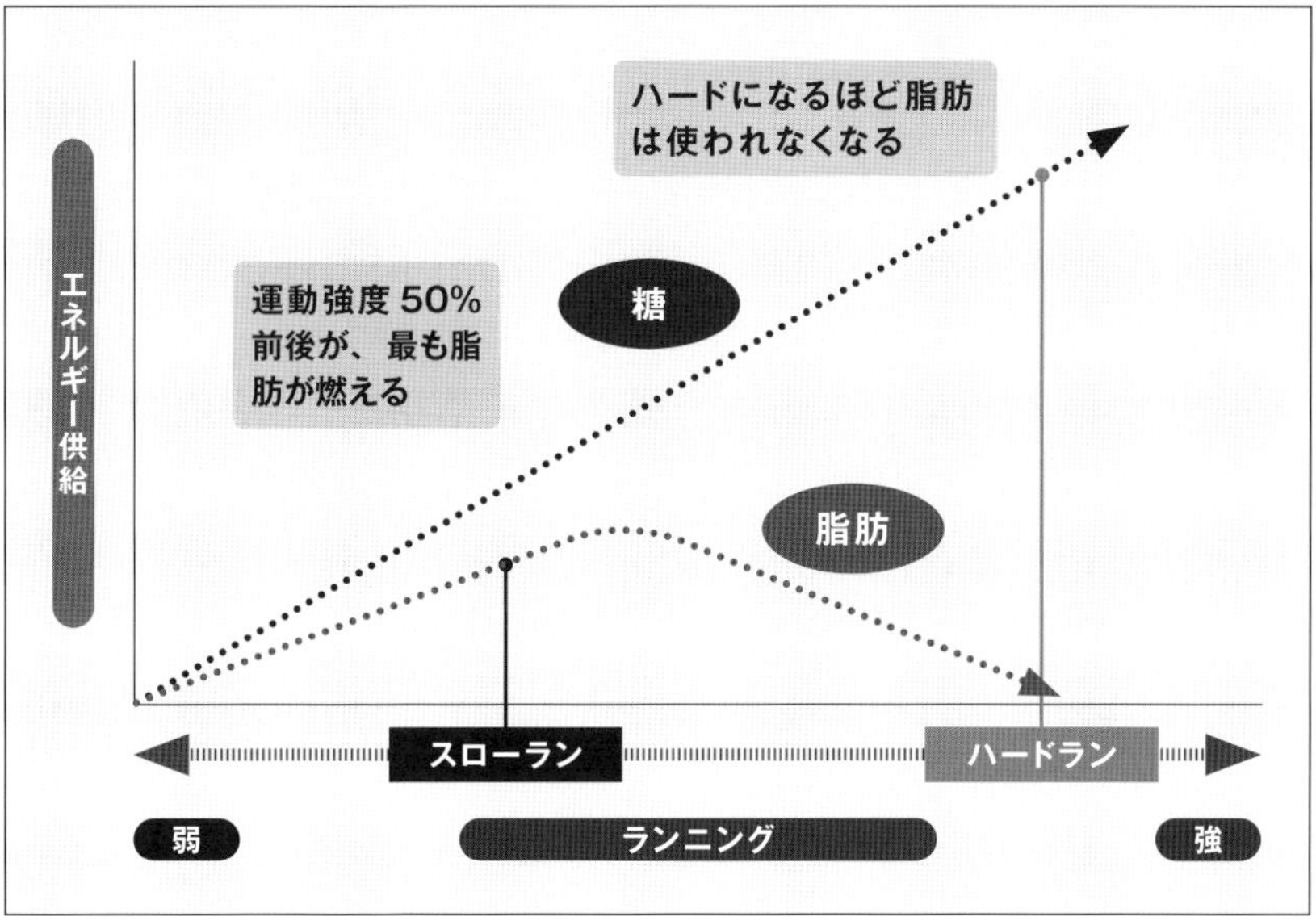

■走力別の運動強度の割合

ずっとお喋りしていられる	LSD	90%	70%	50%	40%
お喋りはできるが、 長時間はキツイ	ペース走	10%	20%	30%	30%
黙って集中して走る	レースペース走		10%	20%	20%
かなり苦しいペースで走る	レベル インターバル				10%
		4時間半 (サブ)	4時間 (サブ)	3時間半 (サブ)	3時間 (サブ)

フルマラソンを４時間半程度で走るレベルの人（サブ４時間半）が、脂肪を効率的に燃焼させて練習したい場合、１週間の練習の総量を「ずっとお喋りしていられるペース」90%、「お喋りはできるが、長時間はキツイペース」10%に配分するとよいことになります。

STEP

07

脂質燃焼と糖質燃焼の違い

「速攻型」の糖質と「安定型」の脂質

脂質を優先的に使えるカラダになると、瘦せやすいという以外にもメリットがあります。

脂質が燃焼することで得られるエネルギー量は、１gあたり約９キロカロリー。これは約４キロカロリーのエネルギー量である糖質やタンパク質に比べてほぼ倍の量なので、それだけ脂質は効率のよいエネルギー源といえます。また、体内に貯蔵される量にも注目です。糖は約２０００キロカロリー蓄えられるのに対し、脂質は一般男性で約８万キロカロリー（体脂肪1kg≒７０００キロカロリーなので約11・５kg分）と莫大。フルマラソンの回数に換算すると、１回のフルマラソンで消費する量が２０００キロカロリーとして、約40回分に相当します。中性脂肪として常に蓄えられている脂質ですから、うまく活用できるようになればエネルギー切れが起こりにくいというわけです。

私（鏑木）は糖質のことを「速攻型エネルギー」、脂質のことを「安定型エネルギー」と呼んでいます。エネルギージェルのような単糖類を摂取すると、わかりやすくカラダが元気になりパワーがみなぎります。ところがその分エネルギー切れを感じるのも早い。このようにコンディションのアップダウンの波が大きいのが、糖質の特徴です。一方で脂質は体調の上下が少なく、常に安定した状態で走り続けることができます。特にレースで長い距離を走る時は、変化を顕著に感じます。

生活習慣病のリスクを減らすという意味でも脂質をエネルギーとして使うのは効果的です。体脂肪は皮下脂肪と内臓脂肪のうち、内臓脂肪から先に落ちると言われています。つまり効率的に脂肪を燃やせば、メタボリックシンドローム（内臓脂肪型肥満）の改善にもつながるのです。

脂肪燃焼には、糖質燃焼以上のメリットがあることがお分かりいただけたかと思います。Ｐａｒｔ２では、脂質燃焼で走れるカラダを作る前段階として、「低糖質」生活をする具体的な方法を、タイプ別に解説していきます。

脂肪燃焼と糖質燃焼の比較

	糖質	脂質
メリット	●素早く消化吸収し、エネルギーになりやすい ●補給が簡単 ●脳のエネルギーにもなる	●内臓脂肪が先に落ちやすいため、メタボリックシンドロームの改善にもつながる ●体内に常に貯蔵されているため、エネルギー切れになりにくい ●エネルギー消費量が9キロカロリーと、糖質・タンパク質の約2倍 ●安定したエネルギー供給ができる ●よい油を摂取すれば、パフォーマンスアップにもつながる
デメリット	●糖化（110ページ参照）に結びつきやすい ●貯蔵に限界があるため、エネルギー切れが起こりうる ●使われなかった分は、中性脂肪に変換され、体脂肪として体内に蓄積する	●使われなかった分は、中性脂肪として体内に蓄積する ●動脈硬化の原因にもなる

ちょっとブレイク

有酸素運動を生活に取り入れる

酸素を体内に取り入れると、無酸素状態の時に比べて、18倍のエネルギー（ATP）が生成されることは、14ページで解説しました。ランニングをしたり、ジムのトレッドミル（ランニングマシーン）でトレーニングをしたりするのはもちろん効果的ですが、なかなか時間を確保できない方も、工夫次第で日常生活に有酸素運動を取り入れることができるのです。

●車やタクシーは使わず、自転車や徒歩で移動する
●目的地の1駅前で電車を降りて、歩いて向かう
●階段を上る時は、一段抜かしをする

それほど難しいアクションではないはずです。「有酸素運動」というとつい構えてしまいますが、要は「できるだけ歩くこと・動くこと」です。「つま先立ち」も効果があります。電車での移動時、信号待ちの間、エスカレーターに乗っている時に、つま先で立っていると、意外に酸素が取り込まれます。自宅でも工夫ができます。

●カラダを大きく動かして掃除をする
●調理の時に、つま先立ちをする
●買い物で自転車を使わず、荷物を手で持つ

日常的にやらなければならないことに、「歩く」「動く」要素を加えるだけですので、比較的簡単に習慣化できます。

もちろん、時間が比較的確保できる方には、腰痛緩和やリラックス効果など、別の効果が見込める水泳やヨガもおすすめです。

また、Part 3では、ながらストレッチやマッサージ、階段を使った運動など、すき間時間を有効活用できるトレーニングを紹介していますので、参考にしてください。

Part 02

バランスガイドは
コマの形！

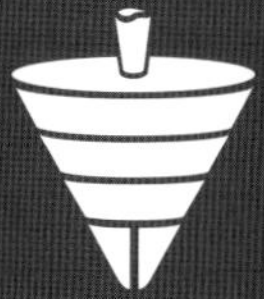

「低糖生活」で走るためのカラダを作る

STEP

01

まずは自分のタイプを知ろう

食事と運動の習慣をチェック

Part2は、低糖質の食生活をして、体脂肪を使って走れるようになるまでの、準備をするパートです。とはいえ、読者の皆さんの食生活や運動の頻度は様々。そこで、低糖質食を実践する前に必ずやっていただきたいのが、左ページにある普段の食事および運動習慣のチェックです。上が食事、下が運動に関する内容の設問です。自分がそれぞれ何個当てはまるか、チェック✓をつけてみてください。これで皆さんがどの程度の低糖質食から始めるべきか、そしてどんな運動をすればよいのかが明確に見えてきます。

それぞれのチェックが終わったら、左ページ下段の分類表をご覧ください。チェックの数によって、あなたの現在の状態をA～Dの4つのタイプに分けることができます。

タイプAは食事、運動いずれもかなり意識できている人です。このタイプは両方ともさらに上を目指しましょう。

タイプBは運動面は合格ですが、食事の点でもう少し気を使う必要があります。タイプCはその逆で、食事については合格ですが、もう少し運動の必要があります。最後のタイプDは食事、運動ともにもう少し頑張る必要があります。

ここでは4つのタイプ別に、それぞれ1日の糖質摂取量の目安を定めたいと思います。A～Dそれぞれの糖質摂取量の目安は以下の通りとなります（1日の摂取エネルギーが2500キロカロリーの場合）。

タイプA＝130g（全体のエネルギー摂取量の約21％）
タイプB＝250g（全体のエネルギー摂取量の約40％）
タイプC＝200g（全体のエネルギー摂取量の約30％）
タイプD＝300g（全体のエネルギー摂取量の約50％）

この量は個別の体重、体脂肪量によって変わってきます。皆さんが1日に必要なエネルギー量を28ページの計算式で割り出した上で、1日の糖質摂取量を決めましょう。

タイプ診断チェックリスト

①食事面のチェック

- □ 1日3食しっかり食べている
- □ 飲酒は週に1回以下である
- □ 揚げ物や炒め物は控えている
- □ 炭水化物はしっかり食べている
- □ トマトやパプリカなど色の濃い野菜をよく食べている
- □ 水分をよく摂っている
- □ 魚、肉、大豆製品などタンパク質食品をしっかり食べている
- □ プロテインを摂っている
- □ スナック菓子は控えている
- □ おやつにはバナナやおにぎりなどを食べている

②運動面のチェック

- □ ほぼ毎日5km以上走っている
- □ フルマラソンを走り切れる
- □ ほぼ毎日筋力トレーニングを行っている
- □ 運動の持久力はあると思う
- □ エスカレーターやエレベーターはなるべく使用せず階段を使うようにしている
- □ 運動をしてもあまり息切れはしない
- □ 1回30分以上の軽く汗をかく運動を週2日以上、1年以上実施している
- □ 日常生活において歩行、または同等の身体活動を1日1時間以上実施
- □ ほぼ同じ年齢の同性と比較して歩く速度が速い
- □ スポーツのクラブやサークルに所属している

食事面=8個以上　運動面=8個以上
しっかり運動していて、食事にも細かく気を使っている。
→ **タイプA** （P30 ～ 33）

食事面=8個以上　運動面=7個以下
食事には細かく気を使っているが、運動はもう少ししたい。
→ **タイプC** （P40 ～ 43）

食事面=7個以下　運動面=8個以上
しっかり運動しているが、食事はもう少し気を使いたい。
→ **タイプB** （P34 ～ 37）

食事面=3個以下　運動面=3個以下
運動、食事どちらもさらに努力が必要。
→ **タイプD** （P44 ～ 49）

※食事面＝７個以下　運動面＝７個以下の人（どちらも３個以下の人を除く）はタイプＢに近いと考えてタイプ診断してみましょう。

STEP

02

1日の糖質摂取量を決める

STEP ❶ 1日のエネルギー量を算出

体脂肪率を体組成計で計量

⬇

体脂肪量(kg)＝体重(kg)×体脂肪率(%)÷100

⬇

除脂肪量体重(kg)＝体重－体脂肪量

⬇

基礎代謝量(kcal)＝28.5×除脂肪体重(kg)

⬇

1日に必要なエネルギー量＝基礎代謝量(kcal)×身体活動レベル＊

(＊持久系スポーツの身体活動レベルは通常期2.50、オフトレーニング期1.75となる)

例：
体重60kg、体脂肪率15%の持久系運動を行う男性の1日に必要なエネルギー量(通常期)
体脂肪量　60×15÷100＝9kg
除脂肪量体重　60－9＝51kg
基礎代謝量　28.5×51＝1453.5kcal
1日の必要エネルギー量
1453.5×2.5＝3633.75kcal

STEP ❷ 一般的な糖質摂取量を算出

エネルギー産生栄養素バランスの中央値を使った例

タンパク質16.5%　脂質25.0%　糖質57.5%

例：
1日に3633kcal必要な人
タンパク質　3633×16.5(%)÷4(kcal/g)＝149.8g
脂質　3633×25(%)÷9(kcal/g)＝100.9g
糖質　3633×57.5(%)÷4(kcal/g)＝522.2g

STEP ③ ランナーの目標の糖質摂取量を算出

タイプAの場合、糖質 21%

> **例：**
> 1日に 3633kcal 必要な人
> 糖質 3633 × 21（%）÷ 4（kcal/g）＝ **190.7g** ←**目標の糖質摂取量**

実際やってみよう

1日のエネルギー量を算出（タイプAの場合）

体重 ＿＿ kg　　体脂肪率 ＿＿ %

体脂肪量 ＝ ＿＿（体重）× ＿＿（体脂肪率）÷ 100

除脂肪量体重 ＝ ＿＿（体重）－ ＿＿（体脂肪量）

基礎代謝量 ＝ 28.5 × ＿＿（除脂肪量体重）

1日に必要なエネルギー量 ＝ ＿＿（基礎代謝量）× 2.5

目標の糖質摂取量 ＝ ＿＿（1日に必要なエネルギー量）× 21 ÷ 4

＝ ＿＿ g

STEP 03

タイプA さらにレベルアップを目指そう

体組成計の活用で体重をキープ

タイプAの人は普段から運動習慣が十分にあり、マラソンやトレーニングの知識・経験も豊富だと思います。現状のままでも問題はありませんが、さらに上のレベルを目指すなら、カラダのデータを可視化してみましょう。

例えばフルマラソンで4時間、または3時間半を切るまでは順調にタイムが伸びても、その先が伸び悩んでしまうというのはよくあること。タイプAの人の中にも、身に覚えがある人が多いのではないでしょうか。

とはいえ、仕事など時間的制約がある中で、今以上に練習量を増やすのは難しい。そこで行えるのが、練習内容の見直しとカラダのデータの可視化です。練習内容については他のページでも書いていますので、ここではデータの重要性について触れておきます。

まずは、毎朝決まった時間に体組成計に乗りましょう。一番の目的は体重のキープです。ある程度のレベルまで到達すると、ちょっとした体重の増減がタイムに影響してきます。飲み過ぎ、食べ過ぎなどで体重が増えているようなら、その日は糖質など食事をうまく調節して体重を元に戻す努力が必要となります。常に体重を把握しておけば、コントロールもしやすくなるはずです。

体組成計は体脂肪率、筋肉量、内臓脂肪なども計測できます。パソコンやスマホで管理しておけば、毎日それらの数値を見ることで自分の現状を認識することができます。また、スマホのアプリやGPSウォッチなどで毎日の歩数を測るのもモチベーションの向上に効果的です。

タイプAの栄養面に関しては32〜33ページで詳しく触れますが、もう1つ、抗酸化成分の摂取（114ページ参照）もレベルアップのためにおすすめします。ポイントをしっかり抑えてランニングに効果的な栄養摂取を心がけましょう。

タイプAのためのタイム短縮ポイント

日常生活で

体組成計は、体脂肪率、筋肉量、内臓脂肪なども計測できるすぐれものです。体脂肪率は、10～15%を目指しましょう。

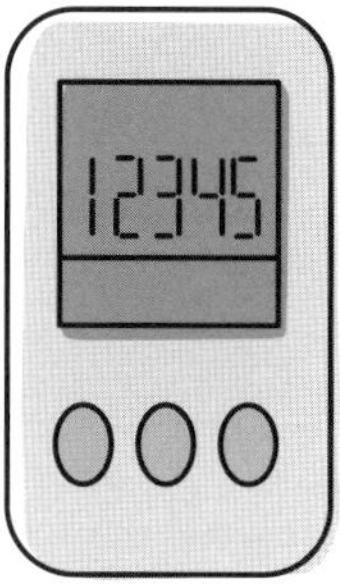

歩数計が便利ですが、わざわざ購入しなくても、スマホのアプリやGPSウォッチで歩数を測ってもよいでしょう。1日5kmが目安です。

運動で

運動習慣のあるタイプAの方には、一歩進んだトレーニングとして、「トレイルでのランニング」をおすすめします。Part 3で詳しく解説しますが、不整地を走ることで、ロードを走る時とは異なる筋肉が使われるので、脚力や心肺機能を強化することができます。

STEP 04

タイプA 糖質摂取のポイント

目安は1食ごはん小盛り1杯

26ページで示した通り、タイプAの人は1日130gの糖質を摂ることからスタートしましょう（1日2500キロカロリー摂取の場合）。このケースでは1食あたりの糖質摂取量を43・4gに抑える必要があります。これを白米に換算すると、だいたいお茶碗小盛り1杯分（米100g）となります。また、食パンでは1枚分です。

とはいえ、ご飯やパンだけを食べるわけではありません。当然のことながら肉や野菜、果物なども摂る必要があります。必然的にそれらの調味料などで糖質を摂取することになりますので、実際にご飯類やパン類の摂取量はこれよりも抑えなければいけません。左ページはタイプAの方向けの1日3食分の食事例ですが、主食については朝食がクロワッサン1個、昼食と夕食がそれぞれごはん極小盛り（50g）となります。一般的にはかなりの少量となりますが、現状でもしっかり栄養管理ができているならば、このメニューにチャレンジしてみてください。もし計算上、糖質が130gに満たない場合は、バナナや牛乳、ココナッツオイルなど他の栄養素も摂れる食べ物で補うといいでしょう。

体重の増減を油でコントロール

この「1日130g糖質摂取」を行って体重が減ってしまうケースがあります。その場合は糖質摂取量を増やすのではなく、視点を変えて「油」に注目してみましょう。不飽和脂肪酸の多い油を摂ることで必須脂肪酸や抗酸化栄養素を補い、カロリー摂取量を増やして体重をコントロールするのです。おすすめはなたね油やえごま油、あまに油、オリーブ油などです。また、レアケースとは思いますが「1日130g糖質摂取」で体重が増えてしまった場合は、全体的に脂の摂取量が多い可能性が考えられるので、見直してみましょう。

糖質130gの食事メニュー例

	エネルギー比	量／1日	量／1食	kcal
タンパク質	20%	125g	42g	168
脂質	59%	164g	55g	495
糖質	21%	130g	43g	172
合計				835

※糖質を減らしているので、エネルギー補充のため脂質の割合を増やしています。

昼食

主　食：ごはん極小盛り（50g）
主　菜：焼き魚1尾、納豆
副　菜：野菜炒め、スライストマト、具だくさん味噌汁＋ごま油
乳製品：チーズひとかけ
果　物：キウイフルーツ

朝食

主　食：クロワッサン1個
主　菜：ハンバーグ、目玉焼き
副　菜：サラダ、野菜たっぷりシチュー
乳製品：ヨーグルト
果　物：みかん

補食

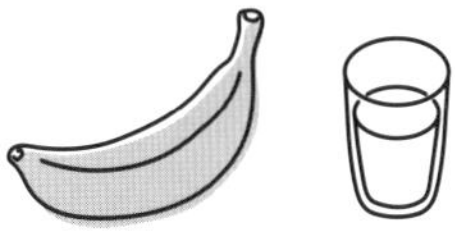

補食は3食で足りない分を補うようにしましょう。乳製品や果物は、3食のメニューとしてではなく、補食として摂ってもよいでしょう。

乳製品：牛乳＋ココナッツオイル
果物：バナナ

夕食

主　食：ごはん極小盛り（50g）
主　菜：刺身、野菜たっぷり筑前煮
副　菜：ほうれん草のおひたし、わかめの酢の物、具だくさん味噌汁＋ごま油
乳製品：ヨーグルト＋ココナッツオイルがけ

先にご飯を食べると、血糖値が上がりやすくなります。まず肉や魚などの主菜を半分ほど食べてから、副菜→主食の順番に食べるようにしましょう。

STEP
05
タイプB 低糖質の習慣化をしよう

糖質を主菜と同量に減らす

タイプBの人は日常生活での運動習慣やランニング経験は十分だと思いますが、食事についてはもう少し見直さないといけません。1日3食しっかり摂る、野菜やタンパク質を多く含む食品を多めに摂る、飲酒の回数や揚げ物に炒め物、スナック菓子を控えるなど、まずはベーシックな食生活を続けられるよう心がけてください。

食生活がある程度改められたら、次は低糖質食にチャレンジしてみましょう。26ページで触れたように、タイプBは1日に2500キロカロリー必要と仮定すると、糖質摂取量は250gが目安となります。これは通常のエネルギー摂取量の40%程度。今までの食生活からするとかなり低い値になりますが、これが続けられればランニング中も体内の脂肪がしっかり使われるようになるはずです。

左ページの図は、エネルギー摂取量40%がどの程度のボリュームになるのかをお弁当1食に例えて示したものです。今まで主食、つまりご飯類が3、副菜が2、主菜が1の比率だったとしたら、主食は比率にして1、つまり主菜と同量程度に減らす必要があるのです。

1食あたりの糖質は83g

もう1つ、糖質（炭水化物）と脂質、タンパク質の割合はそれぞれ40%、40%、20%が理想的です。これを具体的なグラムに換算すると糖質が250g、脂質が111g、タンパク質が125g（1日2500キロカロリー摂取のケース）。これを1日3食の中でうまく摂るべく、33ページのメニュー例を参考に、量とバランスを意識してみてください。

この場合の1食あたりの糖質摂取量は83g。これはごはん小盛り2杯分に相当します。こうして見ると、低糖質食でも意外とごはんは食べられることがおわかりいただけると思います。無理のないところから始めましょう。

糖質250gの場合のお弁当例

	エネルギー比	量／1日	量／1食	kcal
タンパク質	20%	125g	42g	168
脂質	40%	111g	37g	333
糖質	40%	250g	83g	332
合計				833

通常のお弁当

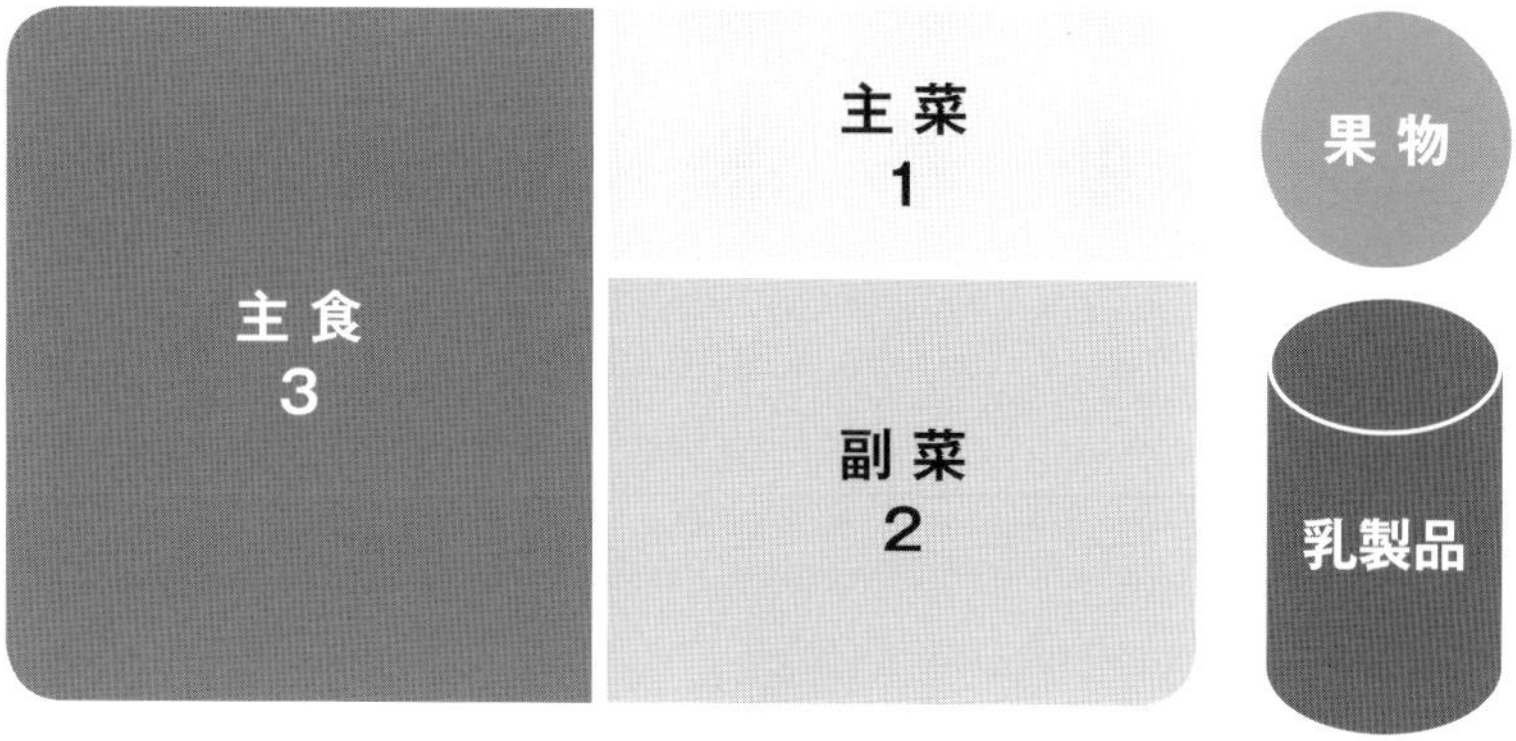

エネルギー摂取量 40%のお弁当

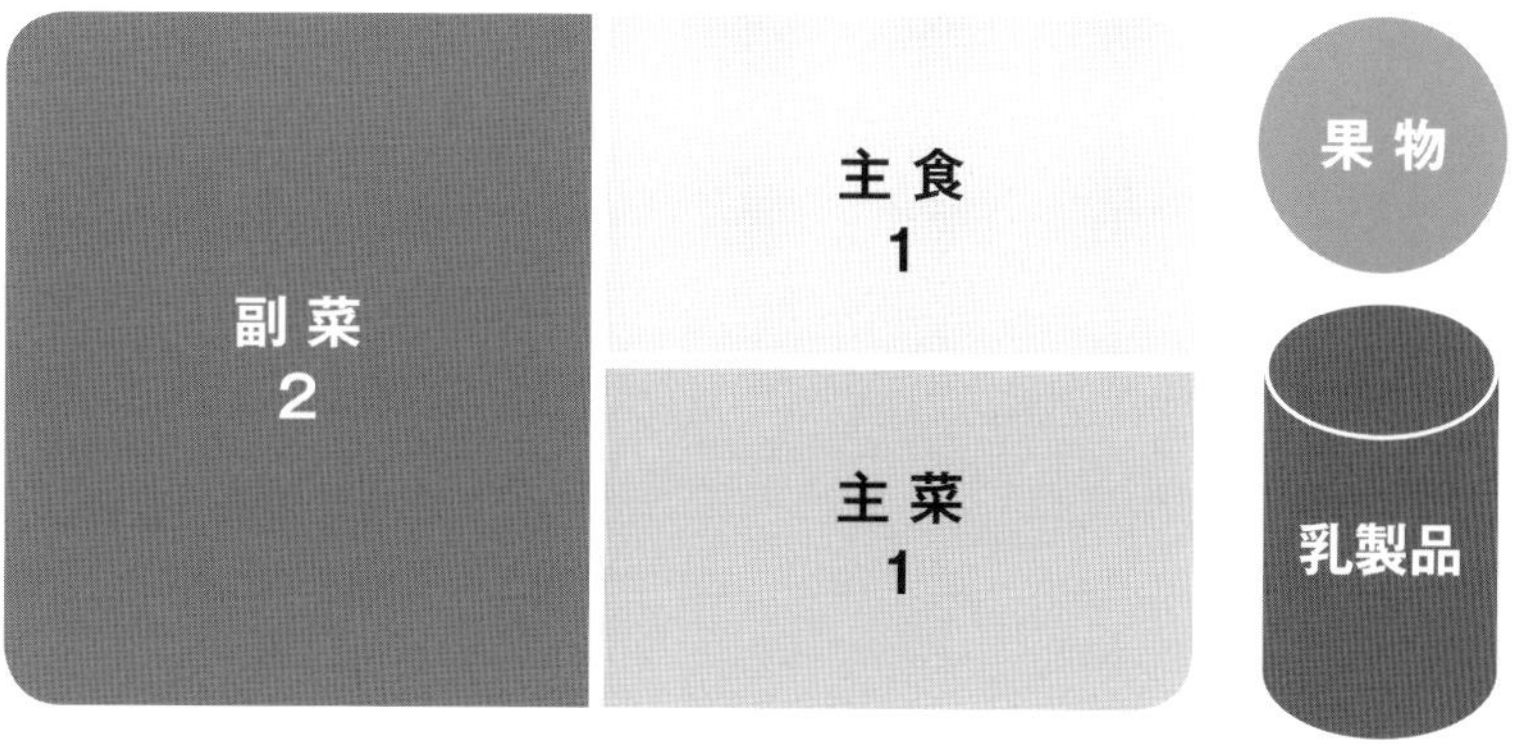

STEP

06

タイプB コンビニで選ぶべき食事

よい弁当＝カラフルな弁当

食生活にあまり気を使っていなかったタイプBの方は、もしかすると普段コンビニ食の割合が多いのではないでしょうか。でも心配はいりません。コンビニ食が中心でも、いくつかのポイントを押さえればバランスのいい食事が摂れますし、カロリー制限や低糖質食も可能なのです。

まずはコンビニ弁当の「色」からよい弁当と悪い弁当を見分ける方法です。左ページのイラストにあるように、よい弁当というのは一言で言うとカラフルな弁当です。赤、緑、オレンジ、白、紫など、野菜を中心に様々な食材が入ったサラダパックなどは栄養バランスがよく、体内の抗酸化力アップを促すことが期待できます。これをさらに理想的な食事にするには、ゆで卵やハム、ソーセージ、缶詰などでタンパク質を補ったり、果物や乳製品でビタミン、ミネラルを補充したりしましょう。いずれもコンビニで手軽に購入できる商品です。

一方、できるだけ避けたいのが全体的に茶色がかった弁当です。具体的には揚げ物や脂っこい味付けの肉、魚が目立つごく一般的なコンビニ弁当ですが、これらは高カロリーなのはもちろん、工場で作られてから店舗に運ばれているので、油が酸化してしまっている恐れがあります。外で揚げ物を買う場合はなるべく揚げたてを選びましょう。もしこのタイプの弁当を食べる場合は、サラダや野菜ジュース、果物などでビタミン、ミネラルを摂る必要があります。

食品成分表示をチェック

加工食品には栄養成分表示が義務付けられており、多くのコンビニ食にも左ページ下段のような表示があるはずです。ここをチェックすれば、カロリーや糖質量が一目瞭然。注意点を参考に賢く食事を選びましょう。例えば、よく目にするノンカロリー飲料は、100㎖あたり5キロカロリー未満だとノンカロリーと表示できるので、0カロリーではありません。表示からそういったことも見抜けるのです。

コンビニを味方につける方法

■商品を選ぶポイント

避けたいお弁当 ×
茶色のもの＝酸化しているもの

揚げ物や脂っこい味付けの肉、魚が目立つごく一般的なコンビニ弁当は、酸化している可能性があります。

改善方法
ビタミン、ミネラルを補充するためには、サラダや野菜ジュース、果物を。揚げ物が食べたい時は、揚げたてを食べましょう。

よいお弁当 ○
カラフルなもの＝抗酸化力アップ

野菜を中心に様々な食材が入ったお弁当は、栄養バランスがよく、抗酸化効果が期待できます。

さらにレベルアップ
ゆで卵、ハム、ソーセージでタンパク質を補充しましょう。缶詰も意外と使えます。ビタミンやミネラル補充には、果物や乳製品を。

おすすめコンビニ食

・パウチ惣菜　・カニカマ　・チーズ　・ソーセージ　・豆腐　・ゆで卵
・焼き鳥や鯖の缶詰（水煮）　・バナナ

■食品成分表示の見方

炭水化物
「炭水化物」は「糖質、食物繊維」に分けて表示される場合がある。食物繊維を多く含まなければ、炭水化物量がほぼ糖質量となる。

エネルギー
たんぱく質、脂質、炭水化物の熱量を計算したもの。
たんぱく質＝4kcal/g
脂質　　　＝9kcal/g
炭水化物　＝4kcal/g

例：たんぱく質10g, 脂質15g, 炭水化物20gの食品
(10g×4kcal)＋(15g×9kcal)＋(20g×4kcal)＝255kcal

栄養成分表示（100g当たり）	
熱量	○○kcal
たんぱく質	○○g
脂質	○○g
炭水化物	○○g
-糖質	○○g
-食物繊維	○○g
食塩相当量	○○g
ポリフェノール	○○mg

科学的根拠に基づいたもの
ポリフェノール、カテキン、オリゴ糖など科学的根拠に基づいたものである限り、枠外に記載することが可能。

ナトリウムの記載がある場合
ナトリウムで塩分量がわかる。
換算式
ナトリウム(mg)×2.54÷1000＝食塩量(g)
ナトリウム400mg≒食塩1g

STEP

07

鉄分とカルシウムの必要性

ランナーは貧血に注意

ランナーが貧血になりやすいことを皆さんはご存知でしょうか。貧血にはいくつか種類があります。血漿《けっしょう》の量が増えて相対的に濃度の低下が起こる希釈性貧血、足底への物理的衝撃により赤血球が壊れて起こる溶血性貧血、そして鉄などの赤血球を合成する成分が不足して起こる鉄欠乏性貧血が主なところです。ランナーは長時間にわたり着地の衝撃を受ける分、溶血性貧血になるケースが多いのです。特にロードで長距離を走る場合は、ソールにクッション性があるシューズを選ぶなどして予防しましょう。

また、壊れた赤血球の再生には積極的な鉄分摂取が必要です。左ページ上表は一般成人の1日あたりの鉄の食事摂取基準ですが、ランナーの場合はこの1・3〜1・5倍程度摂取することをおすすめします。レバーや牛肉、貝類、緑黄色野菜など、鉄の多い食品を摂るといいでしょう。

ランナーは牛乳を飲もう

子供の頃に「牛乳を飲みなさい」と言われた経験があると思いますが、それは大人にも当てはまる話です。牛乳に多く含まれるカルシウムが体内で不足すると、血液中に足りない量を調整するために骨の中のカルシウムを溶かして補おうとし、それが原因で骨粗鬆症《こつそしょうしょう》になる恐れがあるのです。また、長距離を走るランナーは骨強化の観点からも積極的なカルシウム摂取が必要です。

左ページ下表でもわかるように、一般成人男性は1日あたり800mg、女性は650mgのカルシウム摂取が推奨されています。ランナーは少なくともこの目安を下回らないよう意識しましょう。牛乳1杯（150ml）の含有量は約160mgですので、毎日コップ3杯程度飲んでカルシウムを補いましょう。あとはチーズやヨーグルトなどの乳製品、小松菜、小エビ、小魚など含有量の多い食品の摂取をおすすめします。

鉄とカルシウムの食事摂取基準

■鉄の食事摂取基準（mg/ 日）※

（網掛け）＝成人男性推奨量

性別	男性				女性					
					月経なし		月経あり			
年齢等	推定平均必要量	推奨量	目安量	耐容上限量	推定平均必要量	推奨量	推定平均必要量	推奨量	目安量	耐容上限量
0～5（月）	—	—	0.5	—	—	—	—	—	0.5	—
6～11（月）	3.5	5.0	—	—	3.5	4.5	—	—	—	—
1～2（歳）	3.0	4.5	—	25	3.0	4.5	—	—	—	20
3～5（歳）	4.0	5.5	—	25	3.5	5.0	—	—	—	25
6～7（歳）	4.5	6.5	—	30	4.5	6.5	—	—	—	30
8～9（歳）	6.0	8.0	—	35	6.0	8.5	—	—	—	35
10～11（歳）	7.0	10.0	—	35	7.0	10.0	10.0	14.0	—	35
12～14（歳）	8.5	11.5	—	50	7.0	10.0	10.0	14.0	—	50
15～17（歳）	8.0	9.5	—	50	5.5	7.0	8.5	10.5	—	40
18～29（歳）	6.0	7.0	—	50	5.0	6.0	8.5	10.5	—	40
30～49（歳）	6.5	7.5	—	55	5.5	6.5	9.0	10.5	—	40
50～69（歳）	6.0	7.5	—	50	5.5	6.5	9.0	10.5	—	40
70 以上（歳）	6.0	7.0	—	50	5.0	6.0	—	—	—	40
妊婦（付加量）初期					+2.0	+2.5	—	—	—	—
中期・後期					+12.5	+15.0	—	—	—	—
授乳婦（付加量）					+2.0	+2.5	—	—	—	—

※過多月経（経血量が 80mL/ 回以上）の人を除外して策定した。

■各種食品中の鉄吸収率

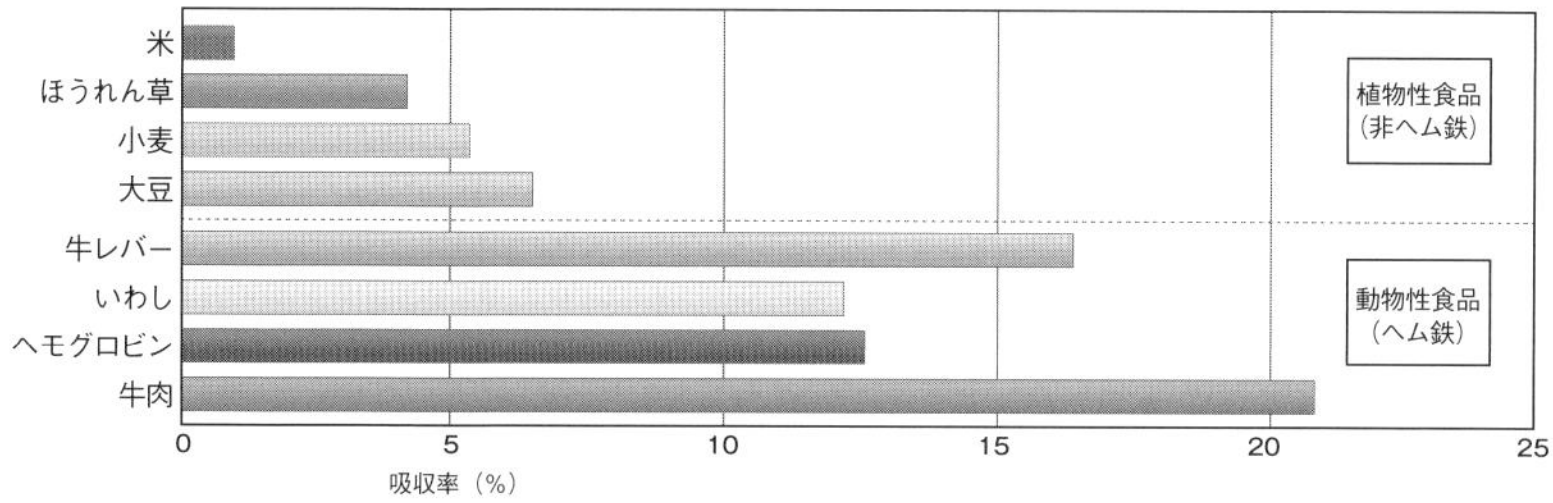

J.D.Cook et al.:Blackwell Scientific Publication,London（1979）　参照：ＩＬＳ株式会社 HPhttp://www.ils.co.jp/seihin/hem.html

■カルシウムの食事摂取基準（mg/ 日）

（網掛け）＝成人男性推奨量

性別	男性				女性			
年齢等	推定平均必要量	推奨量	目安量	耐容上限量	推定平均必要量	推奨量	目安量	耐容上限量
0～5（月）	—	—	200	—	—	—	200	—
6～11（月）	—	—	250	—	—	—	250	—
1～2（歳）	350	450	—	—	350	400	—	—
3～5（歳）	500	600	—	—	450	550	—	—
6～7（歳）	500	600	—	—	450	550	—	—
8～9（歳）	550	650	—	—	600	750	—	—
10～11（歳）	600	700	—	—	600	750	—	—
12～14（歳）	850	1,000	—	—	700	800	—	—
15～17（歳）	650	800	—	—	550	650	—	—
18～29（歳）	650	800	—	2,500	550	650	—	2,500
30～49（歳）	550	650	—	2,500	550	650	—	2,500
50～69（歳）	600	700	—	2,500	550	650	—	2,500
70 以上（歳）	600	700	—	2,500	500	650	—	2,500
妊婦					—	—	—	—
授乳婦					—	—	—	—

STEP 08

タイプC 運動不足はすき間時間で解消

日常をエクササイズ時間に

食事には気を使っている一方で、やや運動不足の傾向があるタイプCの人は、いきなりハードなトレーニングやランニング練習をしても、なかなか持続しない可能性があります。そこで少し発想を変えて、運動のための時間を作るのではなく、日常生活の中に運動の要素を取り込んでみたり、すき間時間に短時間だけカラダを動かすといったところから始めてみてはいかがでしょうか。

例えば仕事中のちょっとした移動でタクシーや地下鉄を当たり前に使っている人は、その距離を徒歩移動できないか地図アプリで調べてみてください。20分以内なら歩くべきですし、時間に余裕があれば30分程度でも歩くようにして、徒歩移動を習慣化するのです。帰宅時に最寄りの一駅前で下車して歩いて帰るのもいいでしょう。

また、時間がないことを理由にランニングが習慣化できない人も多いと思いますが、家にいて5分程度時間が空くことはあると思います。そんな時、わずかな時間だけでもジョギングすれば心肺機能の向上や血行改善、エネルギー消費につながります。心理的にも「1日30分」よりも「1日5分」の方が毎日続けられるはず。1日5分のランが習慣になったら10分、15分と時間を延ばしましょう。

筋トレは仕事の合間にもできる

仕事中にもちょっとした空き時間はあると思います。さすがに仕事中に走るのは難しいですから、そんな時はプランクやサイドプランク、空気イスといった動きの少ない筋トレがおすすめです（左ページ参照）。プランクは腹横筋や腹直筋、臀筋に背筋、さらには内転筋などの強化につながりますし、サイドプランクは太腿の外側の筋肉や脇腹の腹斜筋に効果的です。また空気イスは大腿四頭筋やハムストリングス、大臀筋、脊柱起立筋の筋力アップをもたらします。これならスーツ姿でお昼休みにもできるはずです。時間を有効に使いましょう。

仕事中にできる筋トレ

プランク

うつ伏せになり、ヒジを肩の真下に置きます。つま先を立ててカラダを地面から持ち上げ、頭からかかとを一直線にキープします。

腹横筋、
腹直筋、臀筋、
背筋や内転筋
を強化

サイドプランク

横向きになり、下側の腕でカラダを支えながら腰を持ち上げます。腰が前後に倒れないようにそのままキープします。

太腿の外側
の筋肉、腹斜筋
を強化

空気イス

壁に背中をつけて立ち、胸を張って背すじを伸ばします。それから、ヒザを曲げて腰を落とし、太腿が床と平行になったところで止めて、しばらくそのままの状態で静止します。

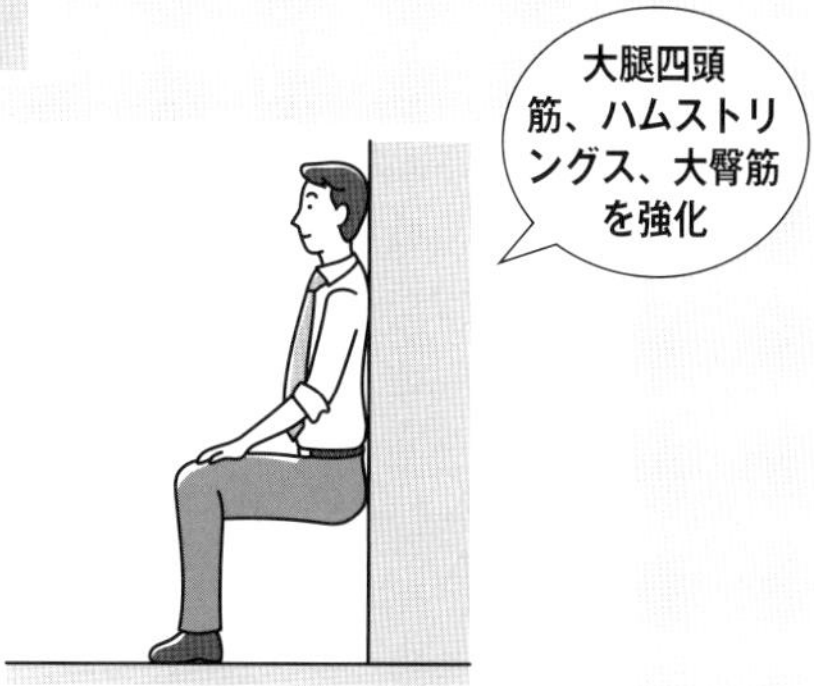
大腿四頭
筋、ハムストリ
ングス、大臀筋
を強化

階段一段抜かし

勤務先の建物内に階段があったら、一段抜かしで歩いたり走ったりしてみましょう。ただし、歩いている人にはくれぐれも注意を。

大腿四頭
筋、ハムストリ
ングス、大臀筋
を強化

STEP 09

タイプC 食事内容以外も細かくチェック

低糖質食の効果アップに

食事に関しては問題のないタイプC。それならば、もう少し踏み込んで食生活や生活習慣についても細かくチェックしてみましょう。左ページにある14項目、皆さんがいくつ当てはまるかチェック✔をつけてみてください。

チェックの結果、10個以上の人は食生活や生活習慣に大きな問題はないと考えてOKです。しかし、9個以下だった人はやや問題あり。夜遅い時間に食べたり、早食いの傾向があったり、また不規則な生活を送ったりしていませんか？ 食事の内容には高い意識を持っていても、この部分で気を使っていないと低糖質食を実行しても効果が表れにくくなる恐れがあるのです。もう一度食を含めて生活全体を見直し、10個以上✔がつけられるようになりましょう。

睡眠不足で食欲が増す!?

先ほどの項目の「睡眠時間は7時間以上とっている」に✔がつかなかった人は特に注意が必要です。慢性的に睡眠が不足していると、日中の眠気や意欲低下、記憶力減退などを引き起こすだけではなく、体内のホルモン分泌や自律神経にも大きな影響を及ぼしてしまうのです。

ある実験では、健康体の人でも1日10時間眠った日に比べ、4時間睡眠を2日続けただけで食欲を抑えるホルモン(レプチン)の分泌量が減り、逆に食欲を高めるホルモン(グレリン)の分泌が促されることがわかりました。つまり、ほんのわずかな睡眠不足が食行動を左右するというわけです。これでは、低糖質食による体重コントロールは難しくなります。

また、十分な睡眠は成長ホルモンの分泌を促してくれます。食事やトレーニングと同様、カラダ作りには欠かせない要素なのです。残念ながら日本人は世界の中でも睡眠時間の短い国。読者の皆さんももっと睡眠への意識を高めてみてはいかがでしょうか。

生活習慣の見直し

■正しい食事や生活をしていますか？

- □ 早寝、早起きしている
- □ 朝食はしっかり食べる
- □ 欠食をしない
- □ 夜遅く食事をしない
- □ 寝る3時間前には食事を済ませている（飲酒を含む）
- □ 早食いをしない
- □ 睡眠時間は7時間以上とっている
- □ 偏らず様々な食べ物を食べている
- □ たばこは吸わない
- □ 飲酒は適度にしている（もしくは飲まない）
- □ 標準体重内である
- □ スナック菓子などの間食は控えている
- □ 味の濃いものは控えている
- □ 運動の2時間前には食事を済ませている

10個以上✔がついた人は食生活や生活習慣に問題はなし。✔が9個以下だった人は改善の余地ありです。

■生活習慣改善のポイント

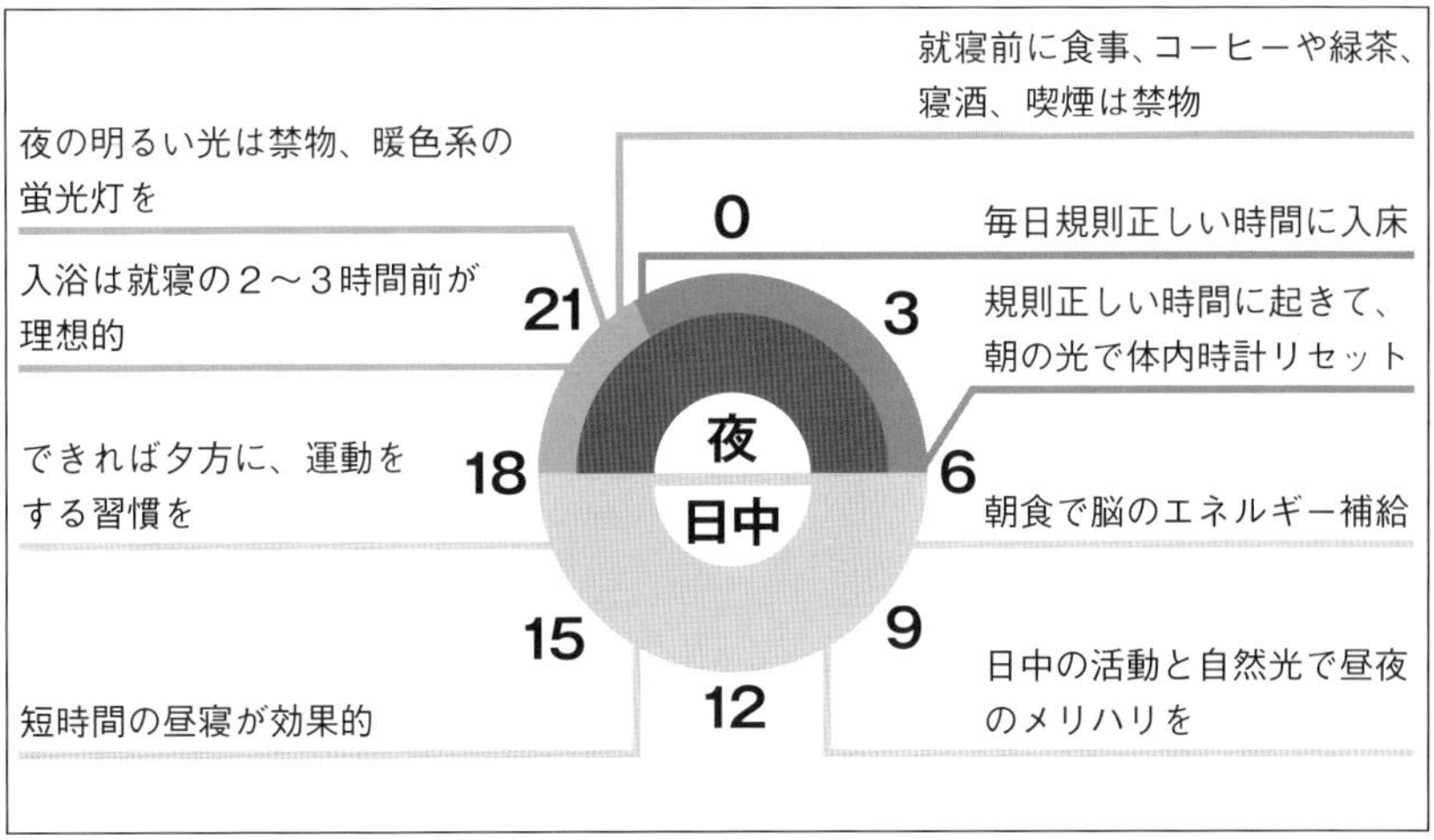

厚生労働省ホームページ：e ヘルスネット参照

STEP 10

タイプD カラダの現状確認とストレッチを

自分のカラダを客観視する

運動、食事面ともに現時点では不合格のタイプD。両項目とも合格点に近づけるよう努力していただきたいのはもちろんですが、並行して必ずやっていただきたいのが現在の皆さんのカラダの現状を把握することです。

まずは身長、体重、お腹回りを測ってください。体重と身長から体格を表す指数「BMI」を導き出せます。このBMIの数値が18・5未満だと「やせ」、18・5～25未満は「普通」、25以上は「肥満」と判定されます。日本肥満学会が定めた判定基準では、統計的に最も病気にかかりにくいBMI22が標準とされています。また腹回りに関しては、男性の場合腹囲が85㎝以上、女性の場合90㎝以上の場合、内臓脂肪型肥満の疑いあり、です。

次に知っていただきたいのが標準体重です。こちらは病気にかかりにくく、長生きするための指針となる体重を示しています。

仕事中にできる簡単ストレッチ

運動の習慣がついていないと、最初のアクションを起こすまでが大変だと思います。ならば、本当に簡単にできる運動から始めてみましょう。46～47ページで紹介するのはオフィスでちょっとした時間にできるストレッチです。

毎朝の始業時にやっていただきたいのがダイナミック・ストレッチ。朝は脳も筋肉も半分眠っているような状態です。ダイナミックな動きで筋肉を稼働させて全身の血行を促し、体温を上げて脳やカラダのスイッチを入れましょう。

お昼休みには反動を使わないで筋肉を伸ばすスタティック・ストレッチがおすすめ。筋肉を伸ばしきって強めの刺激を与えると交感神経が優位になり、午後の眠気が吹き飛ぶと同時にカラダも心もリフレッシュします。また、残業時には朝からの心身の疲れをリセットできる、椅子を使ったストレッチを。これらのストレッチで仕事の効率を上げ、同時にカラダを動かす習慣をつけましょう。

BMIと標準体重の計算

■BMIを計算する

BMI の計算式

$$BMI(kg/m^2) = 体重(kg) \div 身長(m)^2$$

[　　　] kg/m² ＝ [　　　] kg ÷ [　　　] m ÷ [　　　] m

自分の体型を確認

身長＿＿＿＿＿＿＿＿cm

体重＿＿＿＿＿＿＿＿kg

腹囲＿＿＿＿＿＿＿＿cm

立った状態でヘソ回りを計測してください

肥満度の判定基準

肥満度	BMI
低体重（やせ）	18.5 未満
普通体重	18.5 以上 25 未満
肥満（1 度）	25 以上 30 未満
肥満（2 度）	30 以上 35 未満
肥満（3 度）	35 以上 40 未満
肥満（4 度）	40 以上

BMI35 以上は高度肥満　　日本肥満学会 2011

日本肥満学会が決めた判定基準では、統計的に最も病気にかかりにくいBMI22を標準とし、25 以上を肥満として、肥満度を 4 つの段階に分けています。

■標準体重を計算する

標準体重の計算式

$$標準体重(kg) = 身長(m)^2 \times 22(BMI)$$

[　　　] kg ＝ [　　　] m × [　　　] m × 22

体重が標準体重より多い時は、標準体重を目指した減量をしましょう。体重が標準体重より少ない場合は、無理をして増やす必要はありませんが、しっかり食事を摂った上で、運動をしましょう。

ダイナミック・ストレッチ

股関節／ハムストリングス
レッグスイング

片脚を軸にしてもう片方の脚を前後に大きくスイングします。軸脚の位置を動かさないようにしましょう。両方の脚で行います。

股関節
ヒップジョイントロール

両脚を肩幅よりも大きく開き、ヒザを曲げて腰を低く下ろします。上体をまっすぐにしたまま、上体を左右に移動させます。

スタティック・ストレッチ

大臀筋
椅子でグルトストレッチ

椅子に浅く座って、左足のくるぶしを右ヒザに乗せます。左ヒザに両手を重ねて乗せて、上から押さえます。右足も同様。

ハムストリングス
椅子でハムストリングストレッチ

椅子に浅く座って、左足のくるぶしを右ヒザに乗せます。左ヒザに両手を重ねて乗せて、上から押さえます。右足も同様。

僧帽筋上部
椅子でネックストレッチ

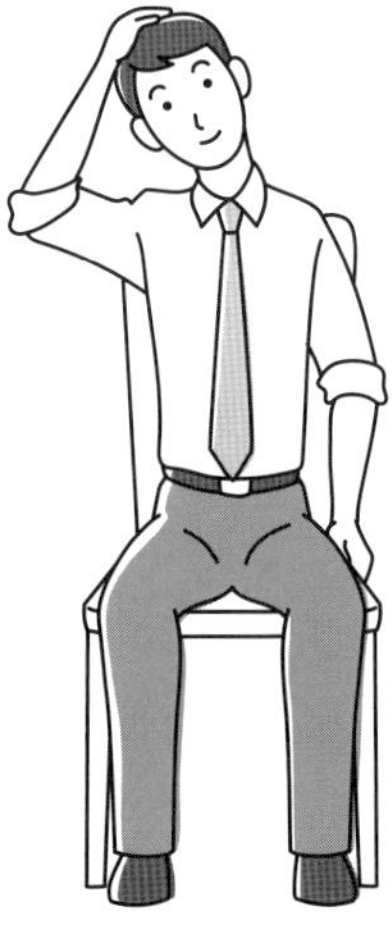

椅子に深く座って、左手で座面の左側をつかみます。右手を左側の側頭部に添えて、上体を倒さずに頭を右側に倒します。左側も同様。

大腿四頭筋
椅子でクワッドストレッチ

座面の左半分に座って、左脚を外側へ出します。右ヒザは 90 度に曲げて左手で左足首を持ち、カカトをお尻につけるように後ろへ引き上げます。右脚も同様。

STEP

11

タイプD 食事は毎日のチェックから

5つの料理グループを意識

続いては食事編。タイプDの人はまず食事の基礎を学ぶ必要があります。左ページ上段にあるコマを見てください。1日にどんな種類の食事を、どの程度食べればよいかがわかりやすく示されています。コマの上部にあるほどしっかり食べる必要があり、主食↓副菜↓主菜↓牛乳・乳製品↓果物の順になっています。まずは、この5種類を毎日欠かすことなく食べるよう意識しましょう。

次に、コマの右にあるチェック表でこの5種類を一日にどれだけ食べているか記録してみましょう。枠の中にある料理例を見ながら、それぞれの食べた量を「つ」という単位で換算します。主食で言えばごはんの普通盛りは1・5つ分、うどんやスパゲッティは2つ分になりますし、主菜だと高カロリーのハンバーグや鶏のから揚げは3つ分に換算されます。あなたはそれぞれいくつ分になりましたか？

自分の1日の適量を把握

5種類の食事のチェックが終わったら、左ページ下表と皆さんの結果を照らし合わせてください。この表には男女の世代別、身体活動量別に1日に必要なカロリーの量と、そのカロリーの範囲内で5種類をいくつ食べればいいかが示されています。この数字から大きく隔たりがあるようでしたら、目安に近づけるよう当面の間、努力が必要です。

1日のカロリー摂取量や種類別の個数が目安表の数値に近づいたら、ようやく基本的に食事を身につけたことになります。タイプDの人の糖質摂取量の目安は300g（1日2500キロカロリー摂取時）。1食あたりだと100gとなり、ごはんに換算すると普通盛り2杯になります。もちろん、主菜や副菜などをバランスよく摂るのは必須です。基本の食事を身につけてから、徐々に別のタイプを目指して糖質を減らしていきましょう。

バランスガイドで食生活をチェック

■食事バランスガイドで自己診断

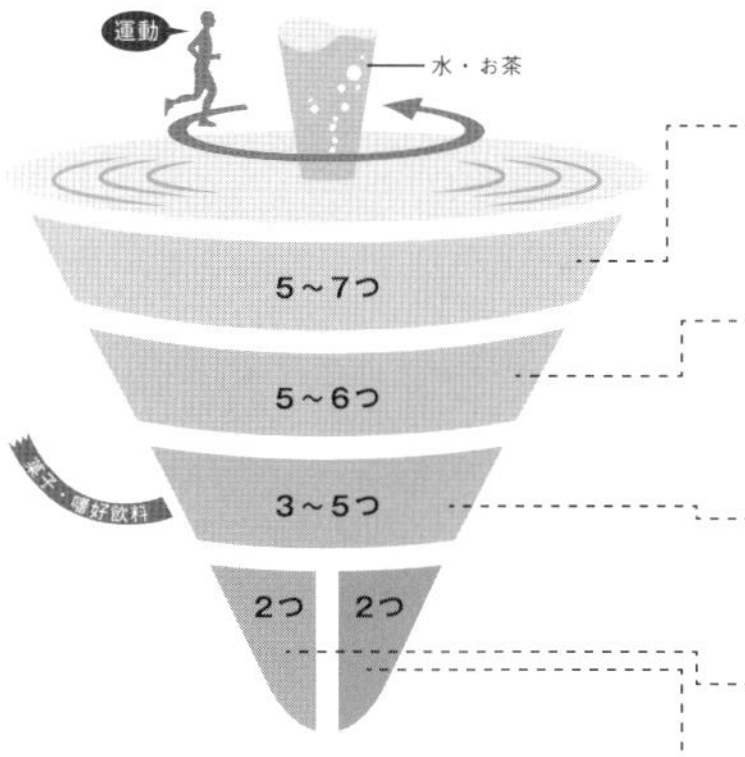

1日分	料理例
主食 ごはん（中盛り）だったら4杯程度	**1つ分**＝ごはん小1杯＝おにぎり1個＝食パン1枚＝ロールパン2個 **1.5つ分**＝ごはん中1杯 **2つ分**＝うどん1杯＝もりそば1杯＝スパゲッティ
副菜 （野菜、きのこ、いも、海藻料理） 野菜料理4皿程度	**1つ分**＝野菜サラダ＝きゅうりとわかめの酢の物＝具だくさん味噌汁＝ほうれん草のおひたし＝ひじきの煮物＝煮豆＝きのこソテー **2つ分**＝野菜の煮物＝野菜炒め＝芋の煮っころがし
主菜 （肉、魚、卵、大豆料理） 肉・魚・卵・大豆料理から3皿程度	**1つ分**＝冷や奴＝納豆＝目玉焼き **2つ分**＝焼き魚＝魚の天ぷら＝まぐろといかの刺身 **3つ分**＝ハンバーグ＝豚肉のしょうが焼き＝鶏肉のから揚げ
牛乳・乳製品 牛乳だったら1本程度	**1つ分**＝牛乳コップ半分＝チーズ1かけ＝スライスチーズ1枚＝ヨーグルト1パック **2つ分**＝牛乳びん1本
果物 みかんだったら1～2個程度	**1つ分**＝みかん1個＝りんご半分＝かき1個＝なし半分＝ぶどう半分＝もも1個

「食事バランスガイド」は、1日に「何を」「どれだけ」食べたらよいかがひと目でわかる食事の目安です。厚生労働省と農林水産省によって公表されています。

枠の中にある料理例を参考に、自分が食べた量を「つ」で換算してみましょう。それぞれの分類で、「つ」が何個になったか、127ページも参照して記録してみてください。

男性	女性	エネルギー	主食	副菜	主菜	牛乳・乳製品	果物
6～9歳 70歳以上（身体活動量低い）	6～11歳 70歳以上 12～17歳・18～69歳（身体活動量低い）	1400～2000kcal	4～5つ	5～6つ	3～4つ	2つ	2つ
70歳以上（身体活動量普通以上） 10～11歳 12～17歳・18～69歳（身体活動量低い）	12～17歳・18～69歳（身体活動量普通以上）	2200±200kcal	5～7つ	5～6つ	3～5つ	2つ	2つ
12～17歳・18～69歳（身体活動量普通以上）		2400～3000kcal	6～8つ	6～7つ	4～6つ	2～3つ	2～3つ

＊身体活動量
「　低　い　」⇒ 一日中座っていることがほとんど
「 普通以上 」⇒「低い」に該当しない人

農林水産省「食事バランスガイド」参照

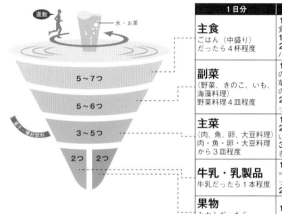

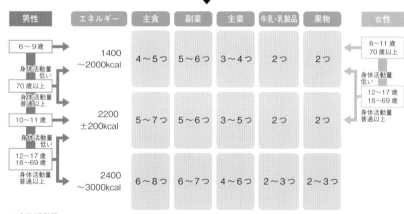

STEP

12 正しい水分補給

水の役割と水分補給の意味

人のカラダの約60%を占める水は、体温調節、酸素の運搬、栄養素の消化吸収など生命を維持するための重要な役割を担っています。そのため、体内から水分が欠乏して脱水状態になると、次のようなリスクが高まります。

①熱中症

カラダは汗をかいて熱を外に逃すことで、運動時の体温上昇を抑えています。ところが体重の約3%以上の水分を失うと発汗機能は低下し、体温が上昇して熱中症で倒れる危険性が出てきます。これを予防する上で重要なのが、運動前の水分補給。というのも、「喉が渇いた」と感じた時にはもう脱水が進行しているのです。マラソン前は250〜500㎖、走行中は1時間に500㎖〜1ℓを目安とし、一気に飲むのではなく回数を分けてこまめに水分を補給するようにしましょう。特にレース中は汗により栄養素が体外へ出て行ってしまうので、それを補う意味でも、ミネラルと糖が同時に摂取できるスポーツドリンクがオススメ。最も吸収率が高い糖濃度は2・5%と言われていますが、市販のスポーツドリンクは糖濃度が5〜6%とやや高め。レースの長さにもよりますが、栄養素の消費が多い場合は、エネルギーを補充するためにも効果的。水分の吸収率を考えると、濃度を薄めてもよいでしょう。

②代謝とパフォーマンスの低下

ランニングでウェイトダウンを期待している人にとっても、水分補給は不可欠です。脱水が進行すると血管内の血液濃度が上がり、ドロドロ状態になった血液は流れが悪くなります。すると酸素が全身に運ばれず、代謝回路がストップしてしまうのです。代謝回路が回らないということは、糖も脂肪もエネルギーに変換できないので、当然やせにくくなります。効率よく脂肪を燃焼させるためにも、水分補給を忘れずに行いましょう。

水分補給と運動の関係

■水分不足時のリスク

水分補給をしないまま運動を続けると…

代謝とパフォーマンス低下

熱中症

水分を適度に補給

体液量が維持され。心拍数が上がりにくくなり、グリーコゲン消費から脂肪消費に変わりやすくなります。また、酸素の運搬が妨げられないので、TCA 回路がスムーズに働きます。

入院や自宅での療養が必要なくなるため、トレーニングの時間や機会を十分に確保することができます。

■運動の種類、運動強度と水分摂取量

運動強度			水分摂取量の目安	
運動の種類	運動強度（最大強度の%）	持続時間	競技前	競技中
トラック競技 バスケットボール サッカーなど	75 ～ 100%	1時間以内	250 ～ 500ml	500 ～ 1000ml
マラソン 野球など	50 ～ 90%	1～3時間	250 ～ 500ml	500 ～ 1000ml/1 時間
ウルトラマラソン トライアスロンなど	30 ～ 70%	3時間以上	250 ～ 500ml	500 ～ 1000ml/ 1時間 （必ず塩分も補給）

日本体育協会参照

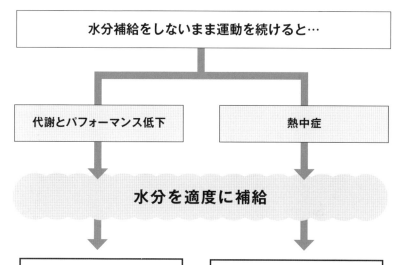

STEP
13
補食と間食の違い、取り入れ方

補食の重要性

3度の食事で摂り切れないエネルギーと栄養素を補う食事を「補食」と言います。マラソンのように長時間運動を続ける場合は、エネルギー切れを起こさないために運動の途中で補給することも大切です。だからと言って、口にすれば何でもいいというわけではありません。運動2時間前は消化のよい軽食、1時間〜30分前は素早く消化するエネルギーゼリー、運動直前は胃に負担をかけないブドウ糖タブレットというように、タイミングによって食べるものを変えるのが賢い補給方法だと言えます。

せっかく運動でエネルギーを消費したからと運動後に糖質を抜く人も少なくありませんが、疲労回復の面からするとこれはNG。糖とタンパク質を同時に摂ることでタンパク質の吸収率が高まり、筋肉のリカバリーができるのです。翌日に疲れを残さないためにも、運動後はきちんとエネルギーを補食しましょう。

間食の意味

足りないエネルギーを補う補食に対し、「間食」はあくまでもおやつ。食事で抑えた糖質のカロリー補充程度でとどめ、過剰な摂取は注意しましょう。食べるものも、菓子パンやチョコレート、スナック菓子のような嗜好品ではなく、ゆで卵、ナッツ類、ヨーグルト、するめなど、コンビニやスーパーの〝お菓子コーナー〟に売っていないようなものを選ぶといいでしょう。

左ページの下表は筋肉の維持、トレーニング、低糖質挑戦、体重減量とそれぞれの体重コントロール中に食べてもよしとされる間食の一覧です。それぞれの期間に不足しがちなタンパク質、鉄、カルシウム、脂質、ビタミン、ミネラルが補給できるものです。3食の食事が正しく摂れている方は、あえて間食をする必要はありませんが、小腹が空いてしまった時など、目的に合った選び方をしましょう。

■運動までの時間別・おすすめ補食

運動までの時間	補食	食品例
2時間	消化のよい軽食	おにぎり、もち、かけうどん、だんご、ロールパン、食パン、カステラ、バナナ、100% 果汁ジュース
1時間〜30分前	消化のよい糖質を少量	バナナ、100% ジュース、果物、エネルギーゼリー
練習直前	吸収の早い糖質を少量	ブドウ糖タブレット、はちみつ、あめ、スポーツドリンク
運動中	水分と糖質の補給	スポーツドリンク、ミネラルウォーター、バナナ、100% ジュース、エネルギーゼリー
運動後	糖質・タンパク質でリカバリー	おにぎり、肉まん、ヨーグルトドリンク、チーム、ソーセージ、サンドイッチ、ゆで卵

■目的別・おすすめの間食

目的	栄養素	食品例
筋肉の維持	タンパク質、糖質	ソーセージ、ゆで卵、おにぎり、サンドイッチ、果物
カラダ作り	タンパク質、糖質、脂質	肉まん、ソーセージ、ゆで卵、ナッツ類、ヨーグルト、チーズ
トレーニング	鉄、カルシウム	ナッツ類、ヨーグルト、小魚
低糖質挑戦	良質な脂質	ココナッツオイル、アマニ油などをサラダやヨーグルト、パンにかける
体重減量	ビタミン、ミネラル、エネルギーの少ないもの	こんぶ、するめ、こんにゃくゼリー、野菜類（トマト、きゅうり、キャベツ）

CONDITIONING

STEP

14

低糖生活に伴うリスクと予防法

低糖質による不調の種類

本書が提案するように最低130gの糖質をきちんと摂っていれば、危険は少ないと言えます。ですが、それ以上の過剰な制限をしてしまうとリスクが高まります。低糖生活が引き起こす症状と、その予防法を見ていきましょう。

①便秘

炭水化物を抑えると、同時に食物繊維の摂取も少なくなります。食物繊維は腸の調子を整える役割があるため、便秘になりやすいのです。低糖質の食事は糖質を減らした分、タンパク質や脂肪でエネルギーを摂る必要がありますが、これらは消化に時間がかかるため、便秘の原因になります。食物繊維の豊富なきのこ類、海藻類、納豆などを積極的に摂るようにしましょう。

②リバウンド

これまで炭水化物を好んで食べていた人が急激に糖質を抑えると、その反動で食欲が爆発することがあります。急激な減量によるリバウンドです。甘いもの欲しさにイライラし、過食により体重が増えるとなると、ランニングの練習も億劫になってしまいます。ストレスのない範囲で行うことがリバウンドを防ぐカギとなります。

③低血糖症状

正常な血糖値は70~100㎎/dlですが、これ以下になると低血糖症状が現れます。糖値が急激に低下した場合、無気力や倦怠感に加え、冷や汗、震え、不安、動悸、口唇の乾燥などが見られます。さらに危険なのが、糖値が緩やかに低下した場合。意識の混乱、おかしな行動、注意力の散漫、眠気、発語困難、頭痛、複視、けいれん、昏睡など命に関わることもあります。これらのサインが出た場合は、直ちに糖質制限をストップし、体内の糖濃度を上げましょう。

低糖生活のリスクを知っておく

■便秘とリバウンド

便秘解消には、きのこ類、海藻類、納豆などがおすすめです。

便秘

【 対策 】

食物繊維が豊富な食品を摂る

リバウンド

【 対策 】

急激ではなく、徐々に糖質を減らしていく

■低血糖症状が出たら糖質制限をストップ

血糖値が急激に低下した場合

- □無気力
- □倦怠感
- □冷や汗
- □不安
- □動悸
- □口唇の乾燥

血糖値が緩やかに低下した場合

- □意識の混乱
- □おかしな行動
- □注意力の散漫
- □眠気
- □頭痛
- □発語困難
- □複視（物が二重に見える）
- □けいれん
- □昏睡

↓

これらの症状が出たら、糖質を摂取して体内の糖濃度を上げる

STEP

15

実はこれも糖質だった!?

隠れ糖質を知っておこう

低糖生活を始めたものの、「なかなか思うように体重が減らない」「カラダに変化がない」という方は、知らぬ間に糖を摂っているのかもしれません。例えば野菜。パンやごはんなどの主食をきちんと抑え、その代わりにたっぷりの野菜を摂る食事は一見正しいようにも思えますが、野菜によっては糖質が多いものもあります。それが根菜類です。中でもじゃがいものように他の国で主食になるような野菜は、食物繊維が多く腸の調子を整えてくれる役割もありますが、基本は炭水化物。ポテトサラダばかり食べていると、白飯を食べているのと変わらないので気をつけましょう。

かぼちゃやとうもろこしにも実は糖質がたっぷり。スープなどは手軽に食べられるので、意外と摂り過ぎてしまいます。低糖生活にチャレンジしている時は、注意が必要です。下の表を見て、普段食べているものに糖質が入っていないかチェックしましょう。

■糖質が多く含まれているメニュー

ハンバーグ	つなぎにパン粉（小麦粉が原料）が含まれています
あんけかけ焼きそば	あんの原料は、でんぷんが原料の片栗粉です
餃子	皮の原料は小麦粉です
そうめん	ヘルシーなイメージがありますが、原料は小麦粉です
春雨	主な原料はいもや豆などのでんぷんです
コーンフレーク	「コーン」の名前の通り、とうもろこしが原料です
ちくわ・かまぼこ	練り物の加工には、砂糖やでんぷんが使われます
魚肉ソーセージ	普通のソーセージと異なり、つなぎにでんぷんが使われます
コーンスープ	とうもろこしと小麦粉で作られます

意外な「糖質」の食品

揚げ物

衣の原料は小麦粉ですので、これも糖質です。古くなった揚げ物は、酸化につながるので特に注意。

アルコール

同じ量を飲んだ時の糖質量を多い順に並べると、日本酒>発泡酒>ビール>果実酒・ワイン>焼酎・ウィスキー。

調味料類

加工時に砂糖が加えられています。どうしてもという場合は、食品の栄養成分の確認を。

ぎんなん・栗

本書でおすすめの食材として紹介しているナッツ類に似ていますが、意外と糖質が多めです。

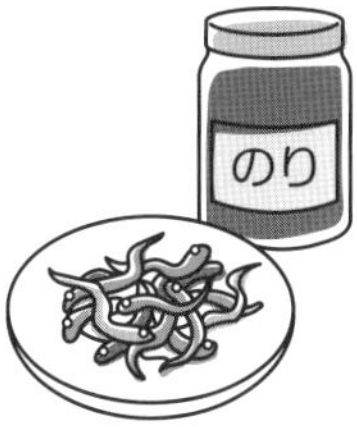

佃煮

保存性を高めるため、糖の濃度が高くなっています。塩分も高いので要注意。

かぼちゃ・とうもろこし

野菜ですが、甘味があることでもわかるように、糖質が多めに含まれています。

嗜好飲料

缶コーヒーや炭酸飲料には、思っている以上に砂糖が多く含まれています。

果物

果糖が多く含まれます。エネルギー補給の即効性はありますが、摂り過ぎには注意。

豆類

枝豆はビールのおつまみとしても人気。大豆はタンパク質が多い豆類ですが、他の豆類は注意が必要です。

いも類

食物繊維が多く整腸作用がありますが、糖質制限時には、摂取は控えめにしましょう。

ちょっとブレイク

習慣が変われば細胞（ミトコンドリア）も変わる

ミトコンドリアは、細胞内の構成物の１つです。14 ～ 15 ページで解説した TCA 回路による ATP エネルギー発生は、ミトコンドリア内で行われています。ミトコンドリアが活性化すると、エネルギーも発生しやすくなるのです。

では、どうすればミトコンドリアが活性化するのでしょうか？　最近の研究では、ある一連の動きの中で、急に異なる動きを入れることで、ミトコンドリアが活性化することがわかりました。言い換えれば、同じ行動を続けていても、ミトコンドリアは活性しないのです。

このミトコンドリア活性化の理論は、トレイルでのトレーニング効果に当てはめることができるかもしれません。Part ３で詳しく解説しますが、トレイルでは地面に凹凸があるため、接地が不安定になり、無意識のうちに、体内のあらゆる筋肉を凹凸に応じてフル活用して走ることになります。これは、「一連の動きの中で、急に異なる動きを入れる」ことに他なりません。つまり、トレイルでのトレーニングは、より多くのエネルギーを作り出すカラダを作るための、効果的なトレーニングである可能性が高いのです。

また、77 ページで紹介している「１分間インターバル走」も、ミトコンドリアを活性化するトレーニングの１つと言えます。「１分間インターバル走」は、１分間の全力疾走のあとに１～２分のジョギング、といったセットを３～５本繰り返すトレーニングです。この目的は心肺機能の強化ですが、結果的にミトコンドリアが活性化し、脂肪が燃えてエネルギーが発生しやすいカラダができると考えられます。

ミトコンドリアは、まだ分からないことが多い研究分野です。将来的に研究が進み、ミトコンドリアとエネルギー産生の仕組みが詳しく分かってくると、私たちは、より速く、より効率的に走れるようになるかもしれません。

Part

03

走りながら
カラダ作り！

脂肪エネルギーを使って走るためのトレーニング

「かけ算的トレーニング」で脂肪も燃える

走りながらカラダを作る

本書の読者には、普段は仕事をしつつ、時間をやりくりしてランニングのトレーニングをし、マラソン大会で目標タイムを切ってゴールすることを目指している方が多いと思います。

そのような方におすすめしたいのが、「かけ算的トレーニング」です。平日は仕事、休日は家族サービスやプライベートで、トレーニングの時間が十分にとれないと思います。なんとか確保できた時間を、ただ走る距離を稼ぐだけのトレーニング（これを「たし算的トレーニング」と呼びます）に費やすのは無駄ではありませんが、決して効率的ではありません。そればかりか、カラダに無理が生じてケガをしたり、疲れて仕事に支障を来したりして、モチベーションが下がる原因にもなりかねません。

「かけ算的トレーニング」は、ただ走るだけではなく、走りながら理想的なカラダを作り上げるトレーニングで

◆Part3では、「かけ算的トレーニング」を紹介します。坂道や階段でできるトレーニングが多いので、仕事の合間や休日のちょっとした時間に、少しずつトライしてみてください。

【ながらストレッチ】 ◀ P62〜65

仕事の合間やテレビを見ながらでもできるストレッチです。日常のすき間時間に「こまめに回数多く」がポイントです。

【日常での階段トレーニング】 ◀ P66〜71

至るところにある階段は、絶好のトレーニングポイント。歩いたり走ったりする中で、筋力をつけることができます。

【フォームの見直し】 ◀ P72〜73

実際にロードでのトレーニングに入る前に、ランニングのフォーム、特に最適な腕振りの仕方を確認しておきます。

す。走る量や距離は同じでも、脂肪を燃焼させて走りのクオリティを上げることができるのです。コツは、ランニングに"筋トレ"の要素を加えること。その要素を半自動的に加えることができるので、坂道や階段、トレイルでのトレーニングは効果的です。

ケアでもかけ算的思考を

「かけ算的トレーニング」は、日常生活にも活用することができます。例えば仕事の休憩時間、電車での移動中や信号待ちの間、あるいは家でテレビを見ながらストレッチやセルフマッサージなどのケアをすることも「かけ算的トレーニング」の1つです。ストレッチマットを敷いて、1時間じっくりケアできる方はそんなにいないはずです。カラダのケアは、「こまめに回数多く」を意識しましょう。そのためには、ストレッチやセルフマッサージのレパートリーを増やしておきましょう。

また、その日のカラダの調子や仕事の都合に合わせ、自分でトレーニングの量や種類を調整できるマネジメント能力も大切です。トレーニングの翌日、階段を歩いて脚が重かったら、よいトレーニングができたしるしです。その日は練習を控えてカラダを休める。そのような柔軟性も持ってほしいと思います。

【平坦な道でのトレーニング】P74〜77 ◀

ひと口に「ランニング」と言っても、ペースを変えて、あるいは場所を変えて、いろいろな走り方をすることができます。

【坂道でのトレーニング】P78〜87 ◀

「かけ算的トレーニング」の実践です。負荷をかけながら走り、脚力アップやスピードへの順応を目指します。

【トレイルでのトレーニング】P90〜95 ◀

予期せぬ動きをすることになるので、ロードを走るだけだと鍛えられない筋肉が、総合的に鍛えられます。

【ながらマッサージ】P96〜99 ◀

仕事の合間やテレビを見ながらでもできるマッサージです。ボールを使って、ピンポイントでコリをほぐす方法もあります。

【上級編】P100〜105 ◀

階段や坂道を使った、トレイルラン向けのトレーニングです。十分なトレーニングを積んでからチャレンジしましょう。

大腿四頭筋

大腿前面部《だいたいぜんめんぶ》ストレッチ

左右 10～20秒×3回

ヒザが外に開いてしまうと力が逃げて、腿の前側が伸びなくなります。

片足の甲を両手で持ち、かかとをお尻に近づけます。ヒザを斜め後ろに引いて腿の前側をストレッチ。逆の脚も同様に行います。

股関節／内転筋群

股関節ストレッチ

左右 10～20秒×3回

腰の位置が高いと猫背になりやすいので、背すじを伸ばして深く沈みましょう。

両脚を大きく開いて腰を落とし、つま先を斜め外側に。両ヒジをヒザの内側に当て、ヒジでヒザを外に押して股関節を伸ばします。

行うタイミング

- 仕事の休憩時間やデスクワークの合間
- 通勤途中の信号待ち

＊各運動の回数表示は、1日の回数の目安です。日常のすき間時間に、何回かに分けて行ってください。

大臀筋／ハムストリングス

大臀筋《だいでんきん》ストレッチ

左右 10〜20秒×3回

右脚を前、左脚を後ろにクロスして立ち、両手を腰に添えます。右ヒザを軽く曲げ、左脚は伸ばした状態でお尻を左斜め後ろに突き出します。逆も同様。

ハムストリングス

ハムストストレッチ

左右 10〜20秒×3回

脚を前後に開いて立ち、両手を前脚の腿に置きます。後ろ脚のヒザを曲げると同時にお尻を後ろに突き出し、股関節を曲げて上体を前に倒します。逆の脚も。

NG　背中が丸まらないよう、背すじは伸ばした状態で上半身を前に倒します。

腸腰筋／大腿四頭筋

腰&ハムストストレッチ

左右 10〜20秒×3回

両脚を前後にクロス。股関節から折り曲げるように上半身を前に倒し、両手を重ねた腕を地面に近づけます。脚を入れ替え同様に。

NG

腰の位置が高いと猫背になりやすいので、背すじを伸ばして深く沈みましょう。

下腿三頭筋

ふくらはぎストレッチ❶

左右 10～20秒×3回

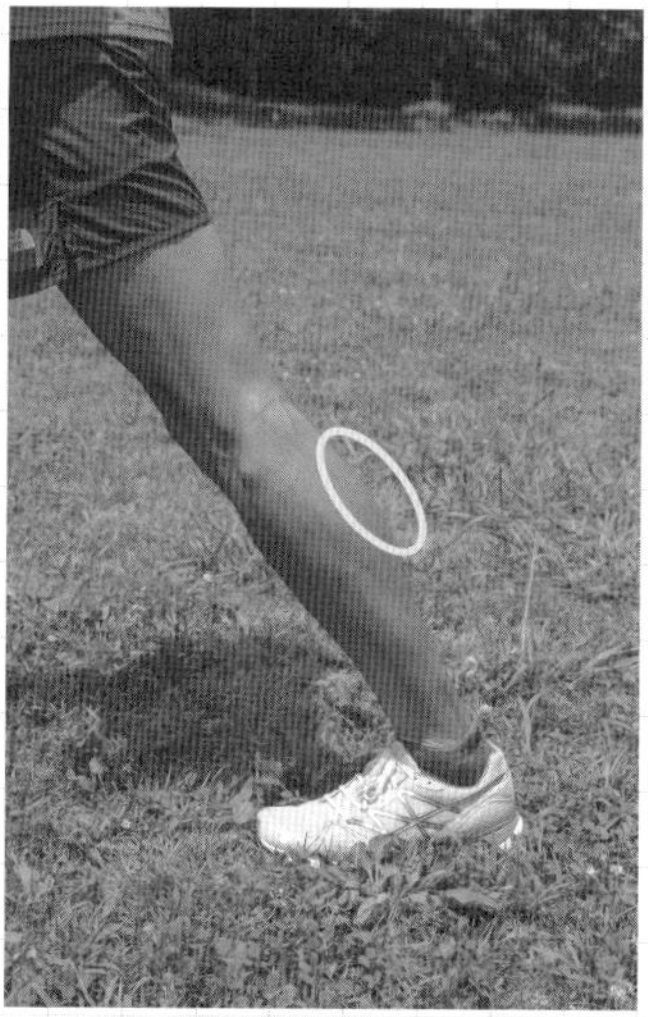

後ろ側のかかとが地面から浮くと、ふくらはぎの筋肉が伸びません。

両脚を前後に開いて立ち、前脚のヒザを曲げ、後ろ脚のヒザを伸ばします。前脚に体重をかけ、ふくらはぎをストレッチ。反対の脚も同様に。

下腿三頭筋

ふくらはぎストレッチ❷

左右 10～20秒×3回

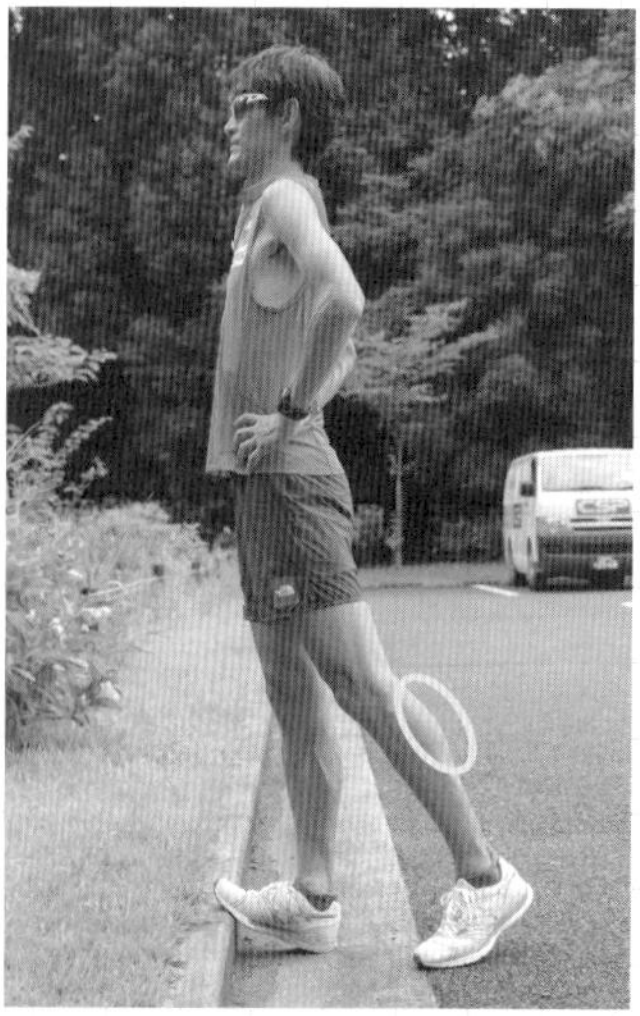

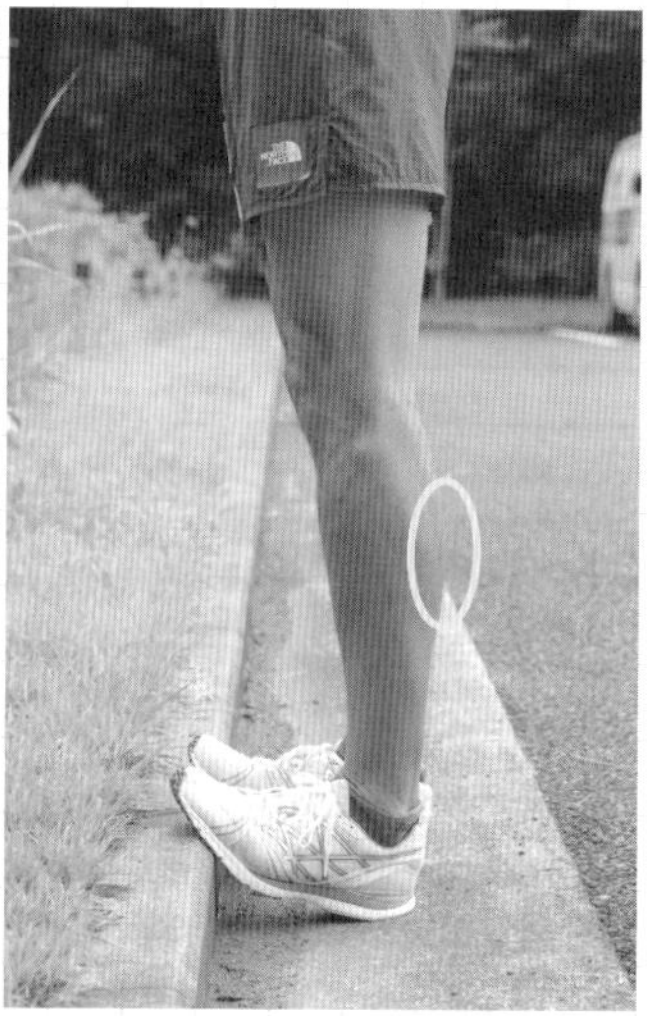

NG

体重を後ろにかけると転倒する恐れがあります。必ず前に体重をかけましょう。

縁石や階段など段差を使ったストレッチです。足のつま先側を段差に乗せ、かかとを下に落とします。カラダを少し前に倒すとよく伸びます。

腸腰筋／大腿四頭筋

腸《ちょう》腰《よう》筋《きん》ストレッチ

左右 10〜20秒×3回

両脚を大きく前後に開き、前脚のヒザが 90 度になるよう腰を落とします。後ろ脚と同じ側の腕を真上に伸ばし、軽く後ろに引きます。後ろ脚の付け根が伸びているのを感じましょう。逆脚も同様に。

NG 上半身は前後に傾けず、地面と垂直をキープしましょう。

体幹トレーニング

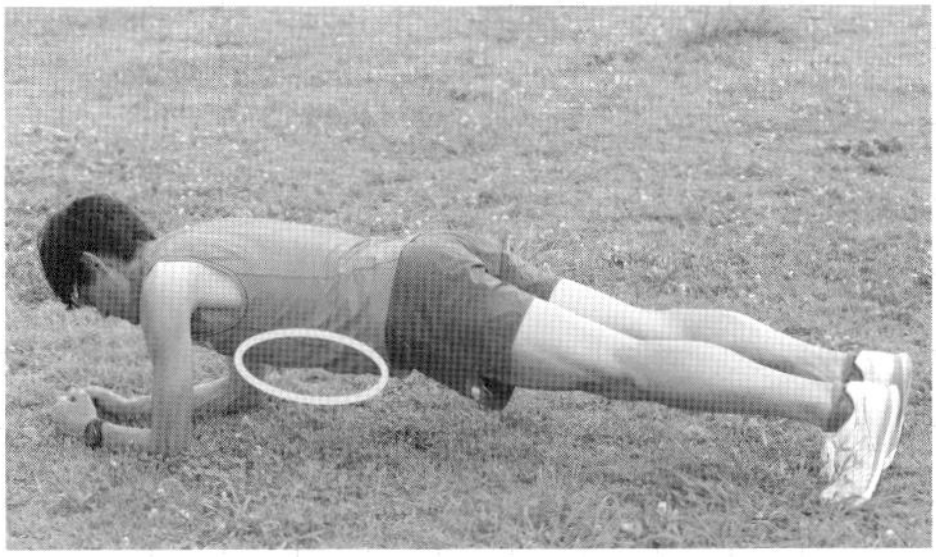

体幹筋群

プランク

30〜60秒×1〜3回

NG 背中が反ってしまうのは NG。お腹の筋肉が伸びて、力を発揮できません。

うつ伏せになり、ヒジを肩の真下に置きます。つま先を立ててカラダを地面から持ち上げ、頭からかかとを一直線にキープ。

体幹筋群

サイドプランク

左右 30〜60秒×1〜3回

横向きになり、下側の腕でカラダを支えながら腰を持ち上げます。腰が前後に倒れないようそのままキープ。

NG カラダが前後に傾かないよう注意し、胴回りの内側の筋肉で体重を支えている意識を持ちましょう。

STEP
02

日常での階段一段抜かし歩き

ねらい 日常生活で脚力をアップする

お尻を使って上る意識を常に持つこと

長距離を走るための脚力を作るには、日常生活でトレーニングと同等の効果が得られる動きを取り入れるとよいでしょう。中でも手軽にできるのが階段上り。階段は駅、オフィス、自宅マンションなど身近なところにありますが、普段はエスカレーターやエレベーターなど楽な手段を選びがちだと思います。日常生活の中で意識的に階段を使うだけでも、脚力アップに繋がります。一歩一歩確実に体重を乗せ、階段を上ります。一段抜かすことで踏み込む力がより必要になるため、腿裏やお尻に刺激を与えやすくなります。

|close up|

ヒザを正面に向け背すじを伸ばす

息が上がると背中が丸まり、脚がガニ股になる。これはよく見かける光景です。ヒザが左右に開くとカラダも左右に振られて力が逃げるため、ランニングフォームの安定に関係する体幹部が強化されません。一本のライン上を辿るイメージでヒザを正面に向け、背すじを伸ばして上りましょう。

STEP 03

日常での階段二段抜かし歩き

ねらい 脚力をさらに強化する

歩幅を大きくとり力強く階段を踏み込む

階段の二段抜かしは、一段抜かしよりもさらに強度が上がります。基本姿勢は一段抜かしと同じ。ヒザを正面に向け、一本のラインを辿るように上ります。上体は傾斜に沿って前方に倒れますが、この倒れる力を利用すると上りやすくなります。

ただし猫背にならないよう、背すじは常に伸ばしておきましょう。スピードを上げる必要はないので、確実に足を段差に置き、お尻や腿裏を使う意識を持って踏み込みます。普段のランニングコースで適当な階段を見つけておくのもオススメです。

|close up|

筋肉の張りはレベルアップの証 速度を上げたトレーニングも

「二段抜かし」は「一段抜かし」に比べると、はるかに強度の強いトレーニングです。「一段抜かし」がラクにできるようになったということは、脚力がアップした証拠でもあります。

一方、「二段抜かし」では、「一段抜かし」よりも背中が丸まったり、ガニ股になったりしやすくなりますので、注意しましょう(67ページ参照)。階段を上り切ったあと、大腿前部の筋肉が張ったようになる感覚があれば、筋力が鍛えられた証拠です。効果が出ていると捉えて、前向きに継続してください。

「二段抜かし」がラクにできるようになったら、速度を上げてよりリズミカルに上るトレーニングにチャレンジしてみてもよいでしょう。

STEP
04
日常での階段一段抜かし走り

ねらい **より多くの筋肉に刺激を与える**

筋肉を総動員して持久力アップを図る

人数が多いほど大きな力を発揮できるように、多くの筋肉を使って走る方が全身持久力（スタミナ）は高くなります。階段走りは平地でのランニングよりも負荷が高くフォームも異なるので、より多くの筋肉を動員することができるのです。

まずヒジを曲げ、腕の付け根からヒジを後ろに引いてリズムを作ります。腕を振る力を使って、小さくジャンプするイメージでテンポよくステップアップ。階段走りは人にぶつかると危険なので、人気のない所で行いましょう。

|close up|

階段は筋力アップのバロメーター 練習の進捗度をしっかり管理

日常生活での階段トレーニングのポイントは、できるだけ同じ階段で行うこと。上り切った時の疲労度や筋肉の張りで、脚力や持久力がどれだけ身についたかが計れます。同じ斜度、同じステップの幅でトレーニングをし、進捗度を把握しましょう。

また、日常生活の「〜しながら」のトレーニングとは別に、連続的に長く続く階段で、ウェアに着替え、本格的な階段トレーニングをするのもおすすめです。その場合は、最上段まで上り切れるように、計画的にペースを配分して行ってください。私(鏑木)も、以前の勤務先のビルで実践していました。

STEP
05
ウォーキング〜腕振り

ねらい 効率的な腕振りを身につける

無駄な力を使わずに腕の力を利用して走る

ランニング中は腕をしっかりと振ることでリズムが生まれ、効率的に脚を運ぶことができます。ところが、その「腕振り」ばかりに意識を集中してしまうと、肩が力み、結果として無駄なエネルギーを使うことになってしまうのです。そこで、力の抜けた「自然な腕振り」を習得しましょう。

まずはウォーキング。背すじを伸ばし、大股で前に進みます。着地はかかとから。腕は力を抜き、自然のままに動かしましょう。次に「腕振り」の必要性を感じるまでスピードを上げていきます（「腕ダランRUN」）。ヒジはほとんど曲

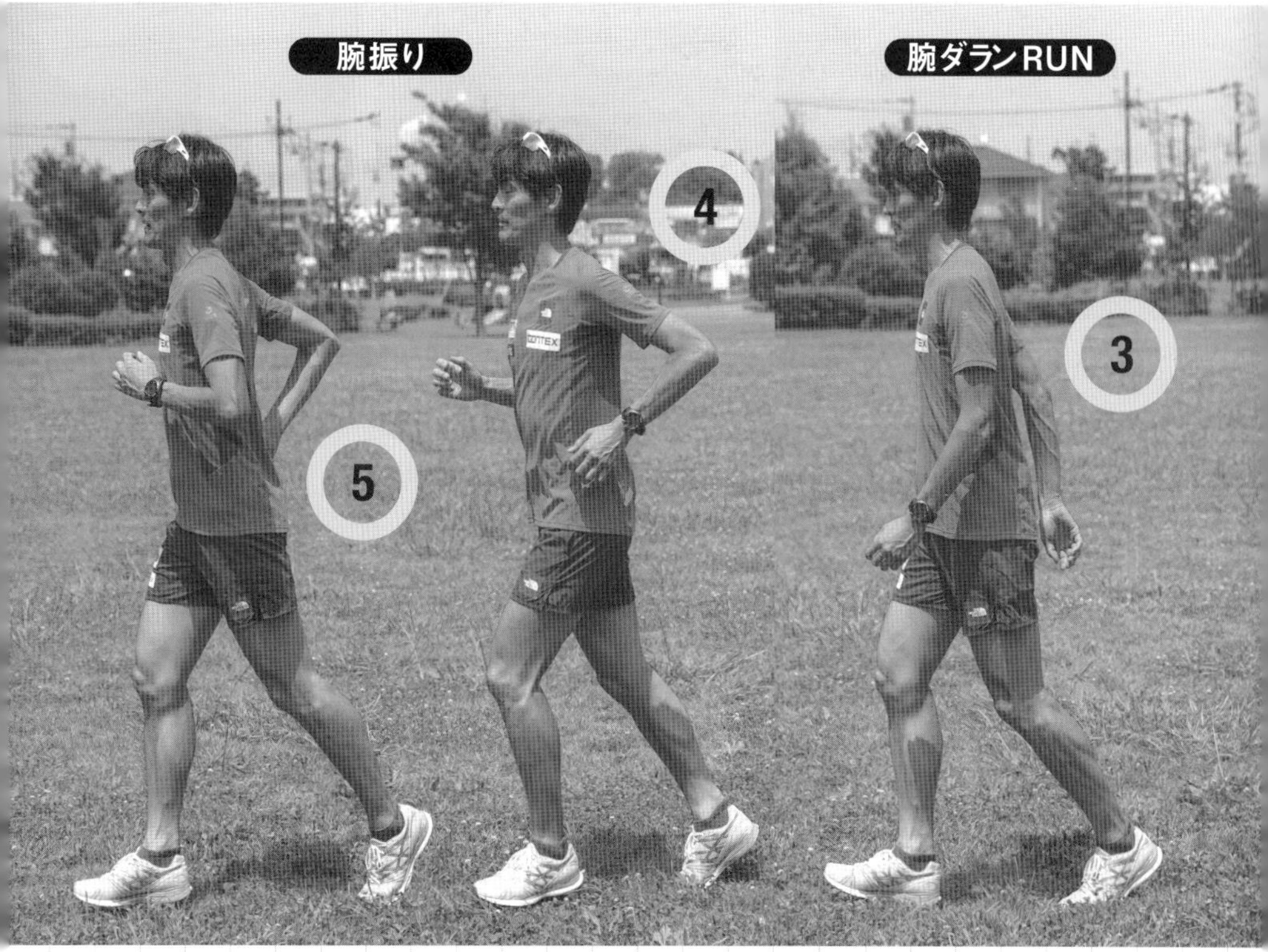
腕振り
腕ダランRUN
5
4
3

|close up|

腕と肩に力を入れず、肩甲骨を動かすイメージでヒジを後ろに引く
腕を振ると上半身が左右に回旋しがちだが、胸は常に進行方向に向けておく

正しい腕振り

げず、脱力したままでOK。カラダが走る動きを欲してきたら、ヒジをしっかり曲げます。適度に力が抜けた、効率的な「腕振り」ができているはずです。

STEP

06

LSD・リラックスラン・ミドルラン

ねらい ペースを変えて走力アップ

長時間走って脂肪燃焼サイクルを作る

ＬＳＤとは、Long Slow Distanceの略。喋りながらでも息が上がらない、１㎞あたり６～８分ほどのゆっくりペースで、長い時間を走るトレーニングです。

その日走る時間を設定し（60分以上が理想）、最初から最後まで同じペースで走り続けましょう。背すじを伸ばし、腰は高い位置でキープ。足幅は小さくとります。

疲労回復のためのランニング

リラックスランとは、文字通りリラックスした状態で走ることを指します。フォームを意識しながら走るのではなく、できる限り力を抜いて、蛇行したり、後ろ向きになったり、横向きになったりと、走る中でいろいろな動きを取り入れます。筋力や腱を様々な方向に動かすことで全身の血流が促され、疲労回復を図ることができます。

レベルアップのために重要

1kmあたり4～6分ほどのペースを維持したまま、5kmを目安に走り続けるミドルラン。心肺機能や筋持久力を向上させるだけでなく、一定のリズムをカラダに覚え込ませることで、レース本番の緊張によるペースの乱れを防ぎます。河川敷など、連続で走り続けられる場所で行うとよいでしょう。

STEP 07

ファルトレク・1分間インターバル走

ねらい　環境を変えて走力アップ

ファルトレク

強弱をつけた走りで総合的な走力を上げる

〝野外走〟のことを指すファルトレクは、もともと軍隊で行われていたトレーニングの1つです。丘や砂地、森など起伏のある自然地形で、スピードに強弱をつけながら、スピードに乗ることを楽しむイメージで走ります。例えば平地はスキップ、丘の上りではダッシュ、下り坂ではジョグと、その瞬間の自分の気持ちが赴くままに動いてみましょう。

心拍機能を短時間で向上

インターバル走の目的は持久力アップです。高負荷と低負荷の動きを短い

1分間インターバル走

スパンで繰り返すことで心拍数を大きく変動させ、心臓に負担をかけて心肺機能を強化します。方法は、1分間全力疾走に近いスピードで走った後に1〜2分間ジョギングで繋ぎ、これを3〜5本繰り返します。

知らない土地に行って旅ランニングを楽しむ

自分の知らない場所に行って、その土地の起伏や風景を楽しみながら走るのが「旅ラン」です。例えば、降りたことのない自宅近くの駅に降りて、走って自宅に戻ってくるのもよいでしょう。1人で走っても、複数で走ってもOKです。

STEP
08

2〜10km

上り峠《とうげ》走《そう》（緩斜面トレーニング）

ねらい　"省エネ走り"を身につける

1
2
両ヒジは後ろに引くイメージで腕の付け根から振る

上体の倒れ込みを進む力に変える

2〜10km続く上り坂を、かろうじて会話ができるくらいのペースで長く走ることで、心肺機能や脚力を強化すると同時に、省エネ走りを身につけるトレーニングです。

上り坂を上る時は足幅を狭め、ヒザの曲げ伸ばしを極力少なくし、カラダの上下動を抑えた走りを心がけましょう。上り坂では必然的にカラダがやや前傾姿勢になるので、この倒れ込む力を推進力に変えて、余計な力を使わずに上ることができます。トレッドミル（ランニングマシン）での代用もできます。

5
4
3
肩甲骨が動くと
その力が骨盤に
伝わり、スムー
ズに脚を運べる

|close up|

上体をやや前傾に
ヒジを後ろに引く
OK
NG

腕の振りはカラダの後方で

両腕をカラダの前側で振ると肩甲骨の動きが小さくなり、同時に骨盤の前後運動が制限されてしまいます。腕振りの際には、両腕を「振る」感覚よりも、両ヒジを後ろに「引く」イメージで腕の付け根から大きく動かしましょう。

STEP
09
10分間

急坂ダッシュ（急斜面トレーニング）

ねらい 脚力と心肺機能を同時に向上させる

足幅を狭めて小刻みに上る

体力を消耗しにくいフォームを身につける緩斜面トレーニングに対し、急斜面トレーニングでは、脚力と心肺機能を向上させて脂肪燃焼サイクルを作り出し、より長く走り続けるための体力を養います。上って戻るを繰り返して合計10分間が目安です。

基本姿勢は緩斜面と同じくやや前傾の姿勢をとり、肩甲骨からヒジを後ろに引くように腕を振ります。足幅を狭めて小刻みにリズムをとることで、効率的に上ることができます。猫背にならないよう、目線は常に2〜3m先を見るように心がけましょう。

|close up|

猫背姿勢は酸素不足の原因に

疲れてくると背中が丸まりやすくなります。これだと胸郭が圧迫されて深い呼吸ができず、すぐにバテてしまいます。できるだけ背すじを伸ばし、前に倒れ込む力を利用して力を抜いて上りましょう。

STEP
10

30~60秒×2~3セット

腿上げトレーニング

ねらい 筋持久力を向上させる

ヒザを引き上げて内側の筋肉を刺激する

持久力には、主に心肺機能を指す「全身持久力」と、筋肉を長時間働かせる能力を指す「筋持久力」の2種類があります。坂道での腿上げトレーニングは、後者の「筋持久力」の向上を目的とするものです。筋持久力が向上すると、無駄なエネルギーロスをなくすことができるだけでなく、着地での衝撃に耐える力がついて、ケガの防止にも繋がります。

ヒザと股関節を直角に曲げ、素早く脚を入れ替えて前に進みます。頭上から引っ張られるイメージで上体を起こして行いましょう。

|close up|

腿が上がらず背中が丸まる

猫背の状態で走ると肩甲骨が動きにくく、うまくリズムが刻めません。それだけでなく、酸素を取り込みにくくなるので、心拍数がすぐに上がり疲れやすくもなります。また、ヒザを引き上げる際に股関節の高さよりも低いと推進力に関与する腸腰筋が働かず、トレーニングの効果が半減してしまいます。ヒザはできるだけ高く引き上げましょう。

STEP 11

20〜40秒×2〜3セット

バウンディング

ねらい 瞬間的にパワーを出す力をつける

柵を飛び越えるように跳ねながら前に進む

バウンディングとはその名の通り、跳ねる動きをするトレーニングです。ヒザのバネを利用して、リズミカルに飛び跳ねながら前に進む力を強化していきましょう。

スタート位置を定めたら少し後ろから助走し、バウンディングに入ります。ヒザから下の脚は前に出し過ぎずカラダに近い位置で踏み込み、空中で脚を前後に大きく開きます。瞬発力を高めるために地面との接地時間は短くして、足裏全体を地面につけること。

平地よりも坂道で行うことで強度が上がります。

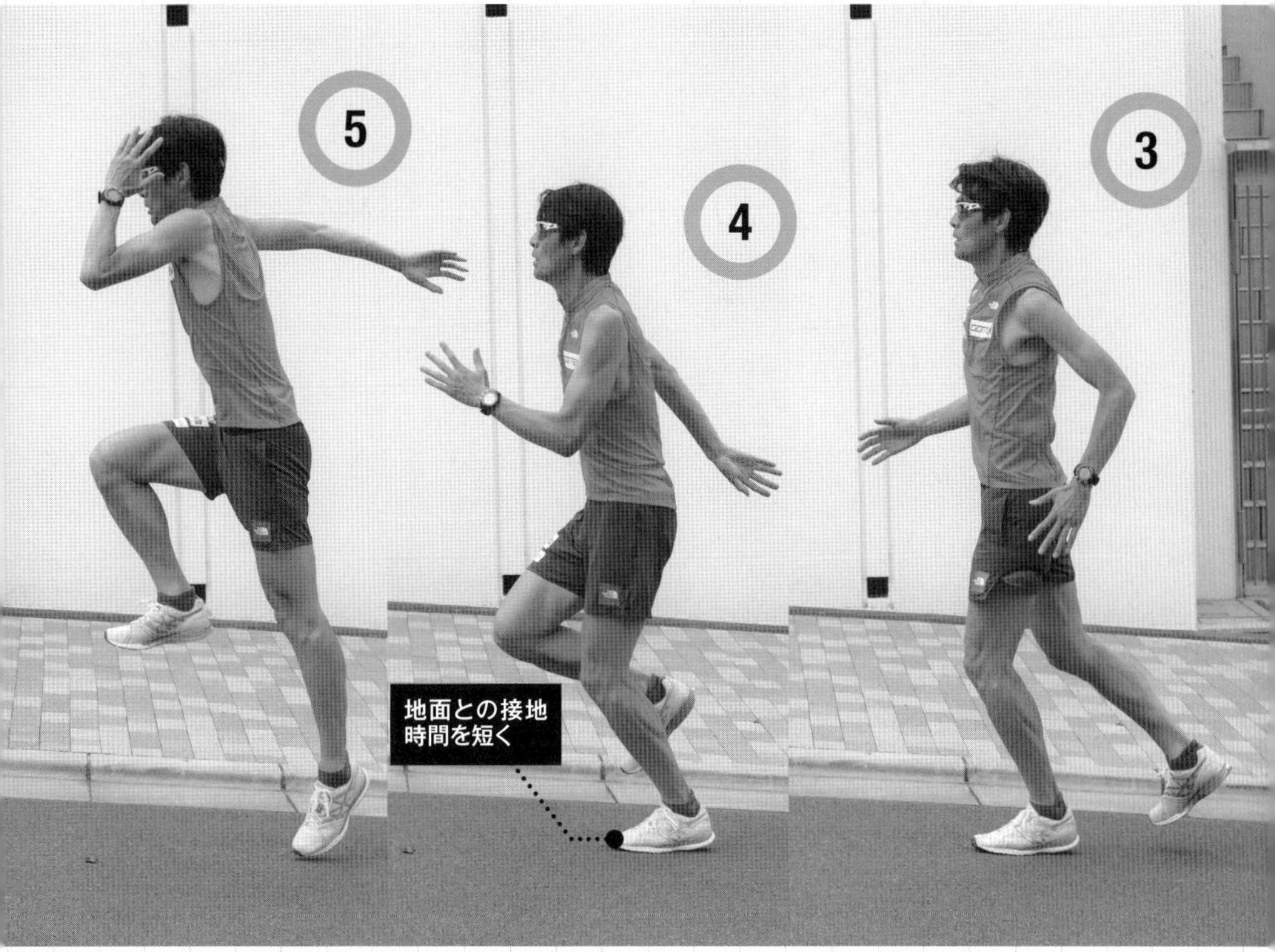

| close up |

かかと着地は力が抜けやすい

下腿がヒザよりも前に出るとかかと着地になってしまい、踏み込みの際に力が入りにくくなります。できるだけカラダの近くで踏み込み、真上に飛び跳ねるように進みます。進行方向に1本のラインが引いてあると想定し、その線を辿るイメージでまっすぐ進みましょう。

STEP 12

2〜400m×3〜5セット

下り坂走

ねらい 速さに対応するフォームの習得

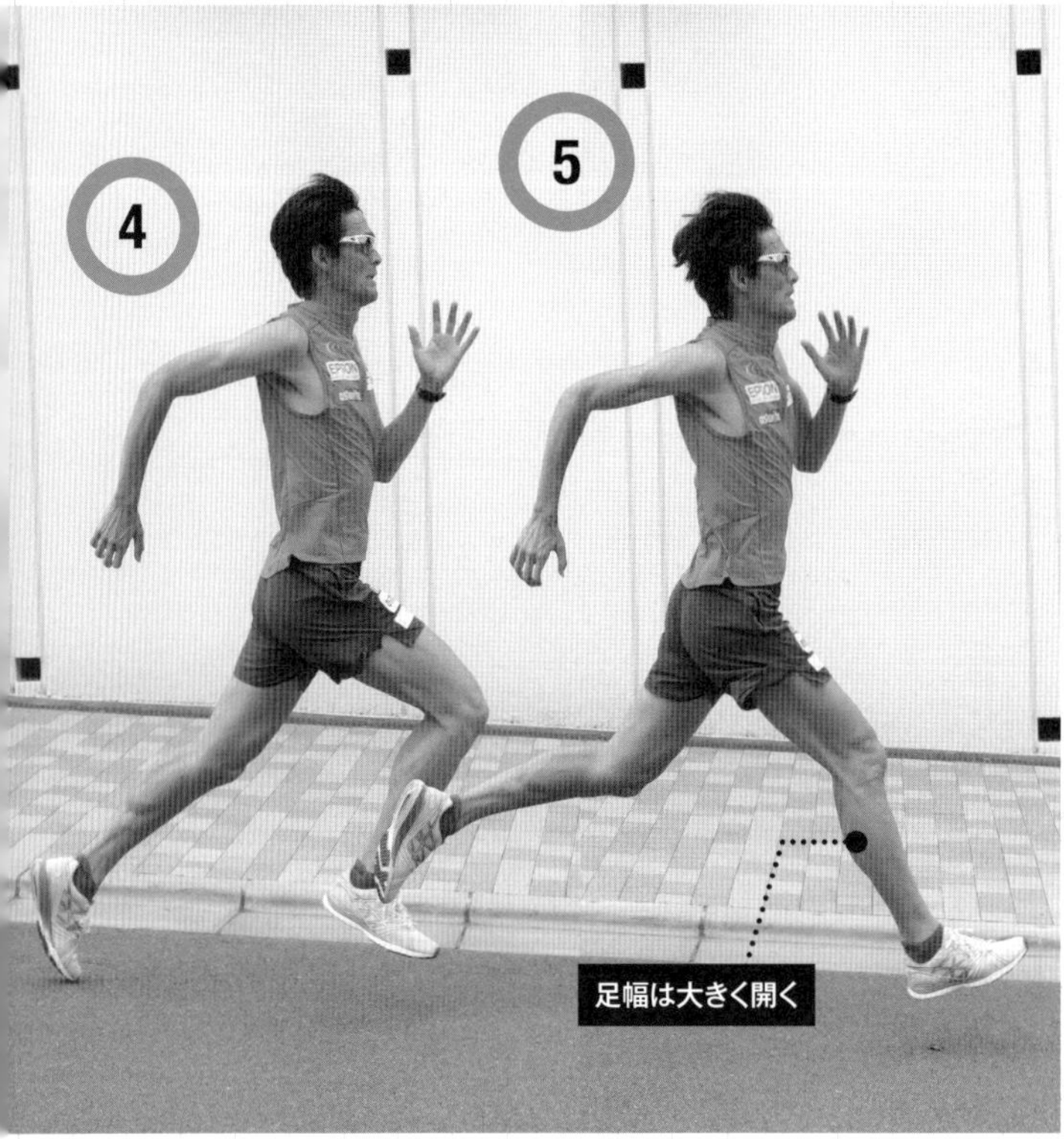

統合力をつけるトレーニング

下り坂を走ると、自分の思っている以上のスピードが出るため、無意識のうちにカラダ全体のバランスをコントロールしようとする能力が発揮されます。全身の筋力がオーバー気味に動き、その結果、大きなフォームが身につきます。これを「統合力の養成」とも言います。

足幅を大きく開き、足裏全体で着地して地面を蹴り出します。上体は前後に傾けず垂直に立たせておくと、重心が下がり、無駄な上下運動がなくなるためカラダが安定します。車や通行人に十分に気をつけながら、緩やかな傾斜から行いましょう。

|close up|

骨盤が後傾するとブレーキがかかる

スピードアップを目的とする場合は、できるだけブレーキをかけずに速さに慣れる必要があります。骨盤が後傾するとかかと着地になり、ブレーキがかかりやすくなるのでヒザへの負担も大きくなります。できるだけ上体は地面と垂直をキープし、股関節に重心を乗せるイメージで走りましょう。

RUNNING

STEP
13

20～30回×1～3回

プライオメトリック

ねらい **瞬発的な動きを強化する**

衝撃を和らげるため、アスファルトではなく芝生や土の上で

力を蓄積して一気に解放する

ランニングでは、着地時の衝撃からエネルギーを吸収し、それを一気に解放することで推進力を得ています。プライオメトリックはエネルギーを蓄積する腱（バネとなる部分）を強化するトレーニングです。筋が腱を引っ張る速度が上がれば、強い瞬発力を発揮でき、より少ないエネルギーで走れるようになります。

ヒザを曲げて軽く沈み、反動をつけて高くジャンプし両脚を胸に引き寄せます。足裏の前方で地面を瞬間的に強く踏み込み、再びジャンプ。これを繰り返します。

|close up|

反動でジャンプし両脚を胸に引き寄せる

衝撃を吸収する力がつくと筋肉や骨への負担も減り、体重の2～3倍の負荷がかかると言われている着地の際も、故障しにくくなります。

片脚ずつ行うことで、筋力の左右差を把握できます。筋力が弱いと感じた方の脚は少し回数を増やし、左右のバランスをとりましょう。

STEP 14

平坦なトレイルを走る

ねらい **凹凸に対応する安定感の習得**

自然地形を使って凹凸をかわす感覚を掴む

トレイルでは、木の根、石、砂など凹凸が多くあります。それらをかわすための足さばきが身につくと、舗装路（ロード）の走りにも安定感が出てきます。

舗装路は蹴り出す力を利用して走るのに対し、トレイルでは脚を前に置きにいくように走ります。前に出した脚をポンと地面に叩きつけ、小さいジャンプを繰り返すように進みましょう。ただし腰の位置はあまり上下に動かさず、低い位置でキープ。腕振りはこれまでと同様に、ヒジを後ろに引き肩甲骨から動かします。

close up

トレイルランニングのロードへの効果

トレイルでのランニングをトレーニングに取り入れるメリットを、改めて考えてみましょう。

整備されたロードを走ると、偏った方向からしか刺激を受けない一方、凹凸のあるトレイルを走ると、接地の仕方が変わるため、様々な方向から刺激を受け、今まで眠っていた筋肉が呼び起こされます。その結果、ロードを走る時も、全身の筋肉が効率的に働き、無駄な力が入らず、ランニングに余裕ができます。

また、接地の不安定さを修正するため、無意識のうちに体幹やインナーマッスルが鍛えられる効果もあります。自然の中を走ることでリラックスし、マンネリが解消される効果も忘れてはなりません。

STEP
15
上りのトレイルを走る

ねらい　心肺機能と大腿前面部の強化

前脚に体重を乗せて踏み込みながら進む

上りのトレイルを走るトレーニングは、心肺機能と大腿前面部の強化に最適です。この2つは、フルマラソンでいう35㎞以降の粘りに欠かせません。

凹凸につまづかないようしっかりと脚を引き上げ、一歩前に出します。前に出した脚に体重をかけながら上ると、お尻やハムストリングスといったカラダの中でも大きな筋肉に力が集中します。すると、大腿前面部への過度な負荷を軽減し、余計なエネルギーロスを抑えることができます。

|close up|

足幅を小さく 脚を引き上げる

息が上がると脚がガニ股になり、力が左右に逃げて推進力が生まれません。足幅を前後に小さくし、脚をしっかり引き上げて前に進みます。

STEP
16
下りのトレイルを走る

ねらい 体幹、筋持久力、神経伝達系の向上

カラダを前傾してヒザへの負担を減らす

下り坂では、できるだけ全身の力を抜くことがポイントとなります。特に両腕はだらんとカラダの横に垂らし、ヤジロベエのようにバランスをとりながら下ります。

下り坂はスピードが出やすいため恐怖心から後傾になりがちですが、それではヒザに大きな負担がかかりケガを招きかねません。ヒザは適度に曲げ、適度な前傾姿勢をとりましょう。また着地の際は、足裏全体を使って地面に対して垂直に着地することで、ヒザへの負担を軽減できます。

|close up|

下りのトレイルを走る3つのメリット

下りのトレイルを走るトレーニングのメリットは3つあります。

1つ目は体幹部の安定。接地の不安定さをカバーするため、無意識に体幹部が鍛えられます。

2つ目は筋持久力のアップ。下りでの接地の時は、筋肉が伸びた状態で筋力が働く状態（エキセントリック筋収縮）になります。この状態が断続的に続くことで、筋持久力が鍛えられるのです。

3つ目は、神経伝達系の刺激アップ。素早く脚を動かして地面に着地するので、瞬発力が身につき、ロードでの対応力が磨かれます。

大腿四頭筋

大腿前面部&側部マッサージ

椅子に座り、両手で片脚の腿を包み込みます。親指や手の平の付け根を使って腿の前側の筋肉を揉みほぐします。ヒジでほぐしてもよいでしょう。

ハムストリングス

ハムストリングスマッサージ

親指が腿前、4本指が腿裏にくるように両手を脚に添えます。4本の指で腿の裏側を押し、両手を上下に移動させながらほぐします。

行うタイミング

- ●ランニング後
- ●通勤途中や、デスクワークの合間など
- ●お風呂上がり

※痛みを感じる場合は即座にストップ。気持ちよさを感じる範囲で行いましょう。

下腿三頭筋

ふくらはぎ マッサージ

椅子に座ったままヒザを軽く曲げ、両手の親指をふくらはぎに添えます。親指で圧をかけながら、満遍なくほぐします。

足裏

足裏マッサージ

片足を座っている椅子に乗せ、両手の親指を足裏に添えます。両腕に体重を乗せ、足裏全体に親指で圧をかけます。

STEP
18
ボールを使う、ながらマッサージ

背筋
テニスボール

ヒザを立てて仰向けになり、テニスボールを2つ繋げたものを、背骨を挟むようにセットします。カラダを上下に移動させ、背骨の横の筋肉をほぐします。

腰部
ソフトボール

横向きになり、お尻の一番高い位置からやや上の外側にソフトボールをセットします。ボールに体重を乗せ、下側の腕でカラダを支えながらグリグリと刺激します。

足裏

ゴルフボール

立った状態で、足裏の下にゴルフボールをセットします。ボールをコロコロと転がし、足裏全体を満遍なくほぐします。逆の足も同様に行いましょう。

アイシング

アイシング

1箇所約5分

感覚が麻痺した状態になる前にストップします。

トレーニング後はアイシングで筋肉の緊張を和らげましょう。アイスバック（ない場合はビニール袋でも可）に氷を入れ、その日特に疲労を感じる部分に当てます。
痛みや炎症を抑える効果のほか、筋肉の緊張を和らげるリラクゼーションの効果も期待できます。

STEP
19

30~60秒×1~3セット

ヒルバウンディング 上級編

ねらい 走るための総合的な筋力を養う

急勾配の坂でバウンディングを行う

緩斜面でバウンディング（84ページ参照）の動きに慣れたら、急斜面でさらに強度を上げていきます。4～5m助走して勢いをつけ、脚を前後に大きく開いてボールのように弾みながら駆け上がります。両腕は肩甲骨からヒジを後ろに引いて大きく振ること。上体は傾斜に沿ってやや前傾。

緩斜面を上る時よりも前後左右にカラダが揺れやすいため、カラダの軸を意識してグラつきを抑えましょう。すると体幹の筋力が強化され、平地に戻った時に安定したフォームで走ることができます。

|close up|

すべての筋肉が鍛えられる完成度の高い筋トレ

このトレーニングは、究極の「走る筋トレ」と言っても過言ではありません。ランニングに必要な筋肉を満遍なく鍛えることができます。

大きく動くことで体幹が鍛えられることは、右ページでも触れた通りですが、坂の重力に負けまいと動くため、腹筋も鍛えられます。トレーニングを始めたばかりの頃は、腹筋が痛くなることもあるでしょう。辛いトレーニングですが、効果は絶大。頑張って続けましょう。

STEP
20
30〜60秒×2〜3セット

片脚急坂上り 上級編

ねらい 筋持久力の強化

脚のバネをフル活用で一直線に片脚ジャンプ

片脚ジャンプは両脚ジャンプよりも片方の脚で支える体重が大きいため、股関節を曲げた時に働くお尻とハムストリングスに強い刺激を与えることができます。また両脚で着地するよりも不安定であるため、片脚で骨盤や胴を支えなければならず、骨盤を安定させる筋肉も強化されます。

両腕を肩甲骨から後ろに引いて力を溜め、前に振り出すと同時に脚を一歩前に出します。踏み込む際は地面との接地時間を短く、テンポよく進みましょう。筋力が弱い方の脚は、回数を多めに行います。

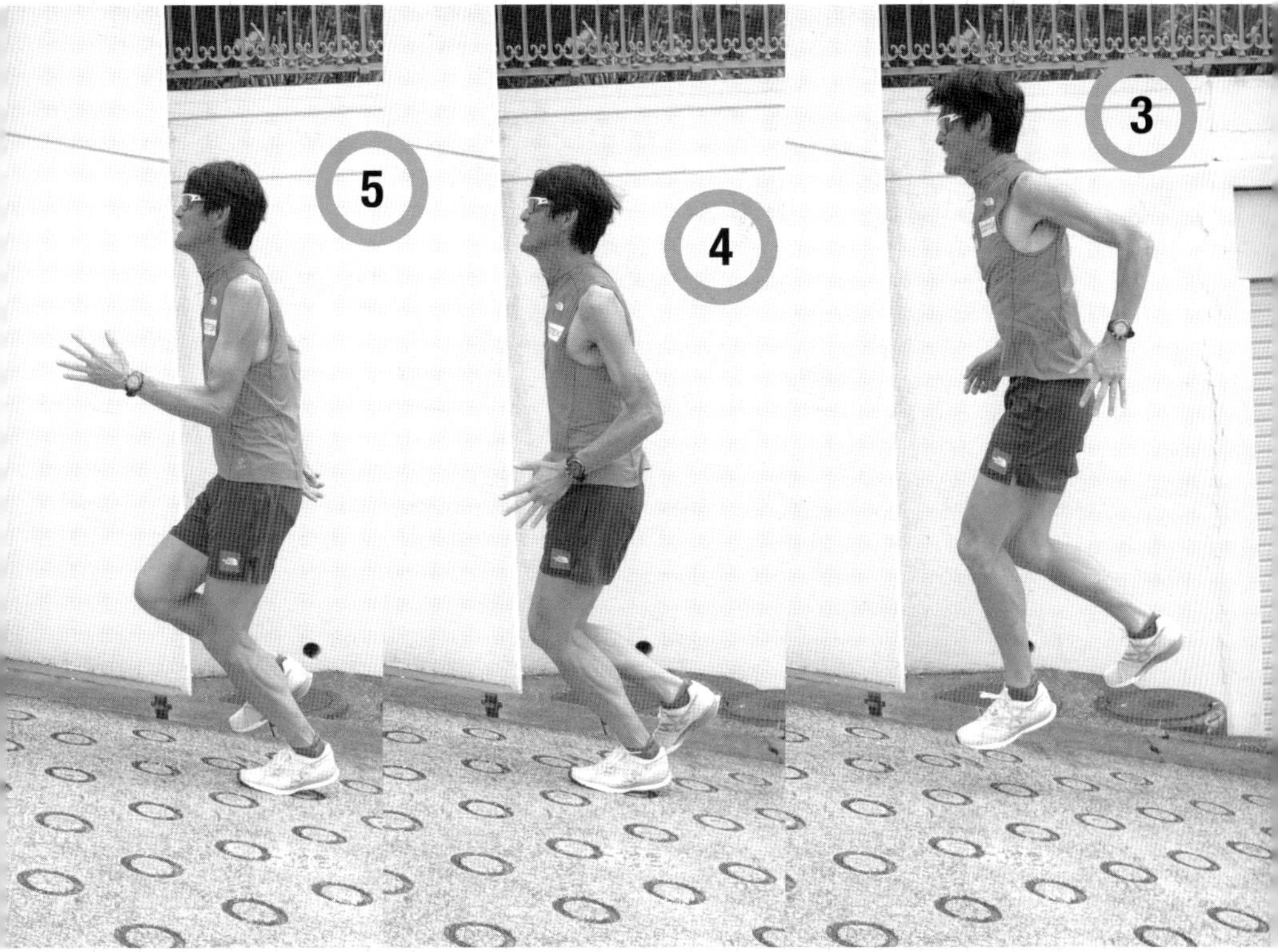

close up

左右の筋力差を矯正してランニングフォームを改善

左右の筋力差は悪いランニングフォームを生みます。左右の筋力がまったく同じである必要はありませんが、日常生活でも、筋力の弱い方の脚を意識的に強化することもできます。

例えば、左脚が弱い場合、階段で右脚を出す時は普通に上り、左脚を出す時だけは一段抜かしをするなど、いろいろと工夫をしてみましょう。

STEP
21

20〜40秒×2〜3セット

片脚階段上り 上級編

ねらい 瞬発力とバランス調整能力の強化

腕の力を利用して片脚で階段を上る

階段を一段ずつ片脚ジャンプで上るこの動作は、瞬時に爆発的な力を出せる筋肉を作り、それを発揮できる能力を身につけるプライオメトリックトレーニングです。筋肉が伸張した状態からより素早く収縮させる動き、つまり「蹴り出し動作」の強化に繋がります。高強度なうえに瞬時に爆発的な力を出すことになるので、筋力が弱いまま行うとケガのリスクが高まります。慣れていない方はきちんとベースの筋力を備えたうえで、手すりなどがある安全性の高い階段で行いましょう。筋力が弱い方の脚は、回数を多めに行います。

|close up|

急坂やトレイルを使って応用トレーニングを

本書で紹介した緩斜面でのトレーニングは、急斜面にも応用できます（急斜面での腿上げトレーニングなど）。緩斜面でのトレーニングに慣れてきたら、無理のない範囲で挑戦してみましょう。

また、一部はトレイルでも応用できます。片脚でトレイルを上る「片脚トレイル上り」はその１つです。

ちょっとブレイク

トレイルランへの誘い

「トレイルラン」とは、起伏のある山道を走る競技のことを言います。装備を持たずに走るクロスカントリーとは異なり、小型のリュックサックに、ウィンドブレーカーやヘッドライト、ジェルなどの補給食を詰めて走るのが特徴です。欧米では歴史のある競技ですが、マラソンブームや登山ブームもあいまって、日本でも近年、愛好者が増えてきています。日本は先進国の中でも有数の森林保有率を誇り、都市圏から時間をかけずに山野に出かけることができるので、トレイルランをするのに恵まれた条件にあると言えます。

100km 以上のレースを特に「ウルトラトレイル」と呼び、日本でも開催されていますが、コースのレベルや距離は様々です。レベルの高いレースでなければ、疲れたら歩いてもよいですし、途中で食事を摂っても構わないといった、レクリエーション的要素も備えています。実際、トレイルランを始めた理由として、「山や自然を感じながら走りたい」「木々や根を避けながら進む冒険性を兼ね備えたランニングにハマった」という意見も多いようです。

トレイルランのメリットはいろいろあります。起伏のないロードで走ると、同じ筋肉を使ってしまい、疲労する部位が偏って故障のリスクがありますが、トレイルだと、不整地を走るためにカラダの様々な筋肉が使われますので、バランスよく鍛えることができます。また、自然の中を走るので、リラックス効果も期待できます。

本書では、トレイルを使ったトレーニングも紹介しています。自然の中を走る魅力にとらわれた方は、トレイルランのレースに参加してみてはいかがでしょうか。

Part 04

食事の工夫で
健康なカラダに！

「抗酸化生活」で いつまでも 走り続ける

STEP

01 運動と老化の関係①

ランニング＝老化しやすい!?

「ランナーズフェイス」という言葉を聞いたことはありますか？　肌が日に焼けて乾燥し、頬がこけ、顔にシワが刻み込まれた顔のことをマラソン大国アメリカではこう呼ぶことがあります。その理由は、ランニングが肌を老化させやすいと言われているため。

ランナーズフェイスは医学的な用語ではないので確かな根拠はありませんが、もし本当にランニングで老化現象が起きているとするならば、紫外線によるコラーゲンの破壊、上下の振動によるたるみ、過度な運動による活性酸素の増加が原因ではないかと考えられます。中でも活性酸素の増加は、実際に老化を加速させるというデータもあるのです。

老化のメカニズム

エネルギーを作る際に体内に取り込んだ酸素は、そのうち数％が活性酸素という物質に変化します。活性酸素はガン細胞や体内に侵入してきた細菌を死滅させるという大変重要な役割を持っていますが、必要以上に増え過ぎると正常な細胞や血管、筋肉などを傷つけてしまいます。活性酸素が増えると体内は酸化し、カラダにストレスがかかって加齢が加速し、疲労しやすくなります。最悪の場合、ガンを引き起こす可能性もあるのです。

本来、カラダには発生した活性酸素を消去する酵素が備わっています。ところが、活性酸素が発生しやすい状況下にあると、酵素では処理できないほど活性酸素があふれ、細胞を傷つけてしまうのです。活性酸素が発生しやすい状況とは、食べ過ぎ、揚げ物やジャンクフードの過剰摂取、肥満、紫外線、たばこ、そして過度な運動（マラソン）などです。ランナーが老化しやすいと言われるのには、こうした理由があったのです。

酸化と老化

■糖の代謝と酸化ストレス

酸化と生体機能損傷

●エネルギー代謝
炭水化物(糖質)を
消費して、エネルギー
を得る。

『活性酸素』発生 →

酸化＝サビ

●酸化ストレス状態
活性酸素産生が高まり、
生体機能の障害が起きる状態。

「抗酸化」＝酸化を抑える

活性酸素が体内で害を及ぼすのを抑制・消去。

細胞の修復・再生する**物質**→ **「抗酸化物質」**

■活性酸素発生の原因

環境

- 紫外線
- 放射線
- 大気汚染

その他

- 虚血
- 薬剤
- 金属や酸化物の摂取

生活習慣

- 過食
- 肥満
- 過度な運動
(マラソンなど)
- たばこ
- ストレス

STEP

02

運動と老化の関係②

過度な運動と体内の酸化

左ページの上図は、一般男性とアスリートの酸化ストレス度を比較した表です。こうして見ると、過度な運動をしているアスリートの方が体内が酸化していることがわかります。では一体、どの程度の運動をすると活性酸素が増加してしまうのでしょうか。その目安は個人の体力レベルによって異なりますが、「心拍数が高く、呼吸が苦しいと感じるペース」であると言われています。Ｐａｒｔ３の運動メニューで言うと、プライオメトリック、インターバル走、急斜面でのラン、腿上げトレ、ヒルバウンディング、片脚急坂上りなどがこれにあたります。もちろん、その他のトレーニングでも息切れするほど苦しいと感じる時は、活性酸素が発生する場合があります。

とはいえ、走力アップのためには練習が必須です。長く、軽やかに、元気よく走り続けるために予防法を見ていきましょう。

カラダの〝コゲ〟も老化を招く

エネルギーとして使われなかった余分な糖質は体内でタンパク質や脂質と結びつき、ＡＧＥｓ（糖化最終生成物）という老化物質を作り出します。この現象を「糖化」と言います。活性酸素による酸化がカラダの〝サビ〟であるなら、糖化は〝コゲ〟と言えます。

「酸化」と「糖化」は別物です。パンやホットケーキを焼いた時に表面が茶色く変化しますが、あの〝コゲ〟の現象がまさに糖化です。同じことが体内で起きると老化を加速させるほか、様々な不調を引き起こすのです。

糖化が進むと肌は弾力を失い、シワやくすみ、シミが現れ、さらには髪のハリやツヤもなくなります。また、糖化が血管や内臓に影響を与えると、動脈硬化や白内障などのリスクが高まるとも言われています。本書が提案する低糖質の食事法は、余分な糖質摂取を抑えるため、糖化による老化を防ぐ効果もあります。

ランニングと老化

■一般男性とアスリート[*1]の比較

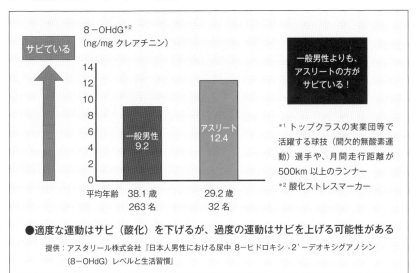

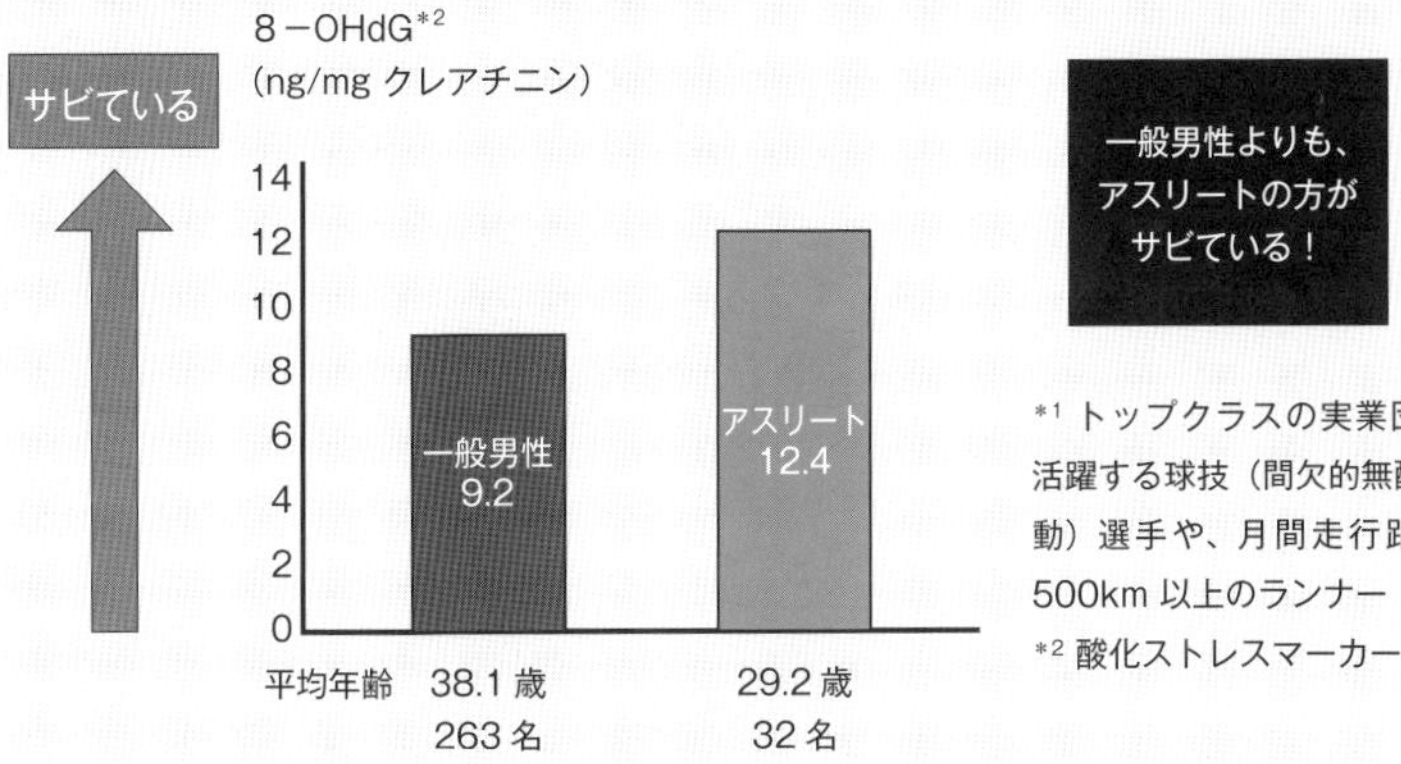

[*1] トップクラスの実業団等で活躍する球技（間欠的無酸素運動）選手や、月間走行距離が500km 以上のランナー

[*2] 酸化ストレスマーカー

●適度な運動はサビ（酸化）を下げるが、過度の運動はサビを上げる可能性がある

提供：アスタリール株式会社『日本人男性における尿中 8−ヒドロキシ -2' −デオキシグアノシン（8−OHdG）レベルと生活習慣』

■酸化と糖化の違い

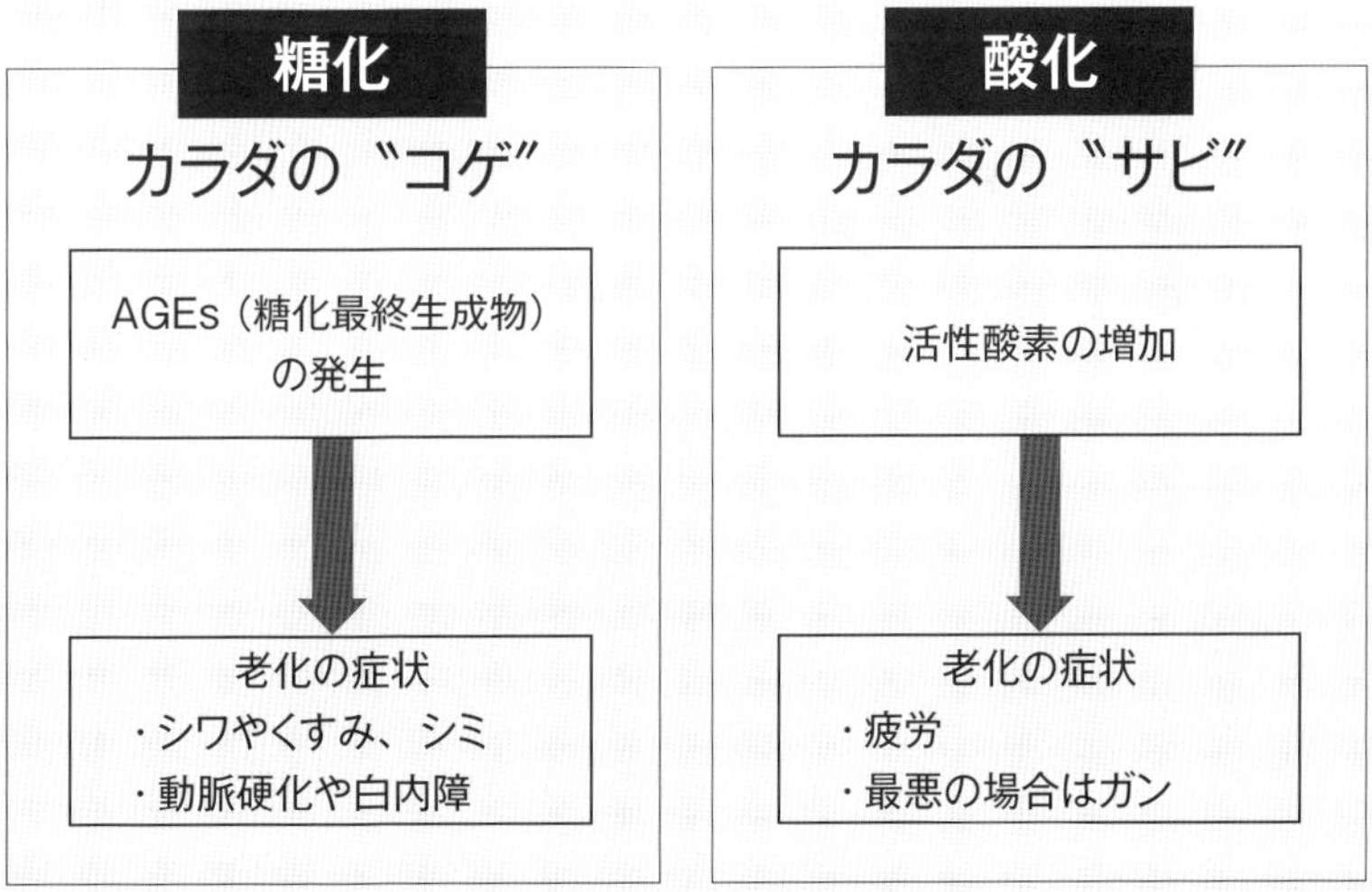

STEP

03

酸化ストレスが高まる要因と予防法

生活習慣を見直す

カラダの酸化による老化を防ぎ、疲れにくいカラダを作るには、活性酸素が増加するような生活習慣を改善する必要があります。まずは日常生活に潜む酸化の原因を知り、当てはまる人は生活習慣を見直しましょう。

①紫外線

紫外線を浴びると、皮膚を守ろうと体内の活性酸素が活発化します。すると今度は活性酸素による細胞の酸化を食い止めようと、シミの原因であるメラニン色素が発生します。一方で紫外線によるコラーゲンの破壊も、シワの原因に。また最近では、目の水晶体内に発生した活性酸素が白内障の原因になるとも言われています。

ランナーは紫外線を浴びる時間が長いため、こうした現象が起こりがちです。肌には日焼け止めクリームを塗り、目にはサングラスをかけて紫外線を防ぎましょう。

②喫煙

発がん性物質を含むタバコの煙が肺に入り込むと、有害物質を排除しようとカラダの免疫システムが発動し、活性酸素が発生します。

さらに煙が血液中に入ると、動脈硬化の原因となる酸化悪玉コレステロールを作る原因にもなります。喫煙をしている人は、禁煙を心がけましょう。

③ストレス

ストレスが活性酸素を増やすと言われているメカニズムには、次のようなものがあります。

(1)ストレスを受けるとカラダはそれに対抗しようと、ストレス緩和ホルモンである副腎皮質ホルモンを分泌します。この時、同時に活性酸素も作られてしまいます。

(2)ストレスでカラダに力が入ると血管が緊張し、一時的に血流の流れが悪くなります。緊張が解け、血液が大量に流れ出した時に活性酸素が発生します。

(3)ストレスは強力な抗酸化作用があるビタミンCを大量に消費してしまうため、活性酸素の勢力が強くなります。

④飲酒

アルコールを分解する際に、肝臓で活性酸素が発生します。少々のアルコールは活性酸素を減らすとも言われていますが、過剰な飲酒には注意しましょう。

食生活を見直す

活性酸素の発生を予防するには、抗酸化力（サビを防ぐ力）の高い食品を摂取することが効果的です。普段から偏った食事をしている人は、必要な栄養素を摂れていない可能性が高いと言えます。次のページから、抗酸化物質を含む食品を具体的に見ていきましょう。

■ストレスによる活性酸素発生のメカニズム

1965年、ネブラスカ大学Harman D（ダンネル・ハーマン）教授は「ミトコンドリアで産生される酸化ストレスが加齢を促進する」という理論を提唱しました。これを「酸化ストレス仮説」と言います。（HARMAN D.Aging：a theory based on free radical and radiation chemistry. J Gerontol. 1956 Jul;11（3）：298-300.）

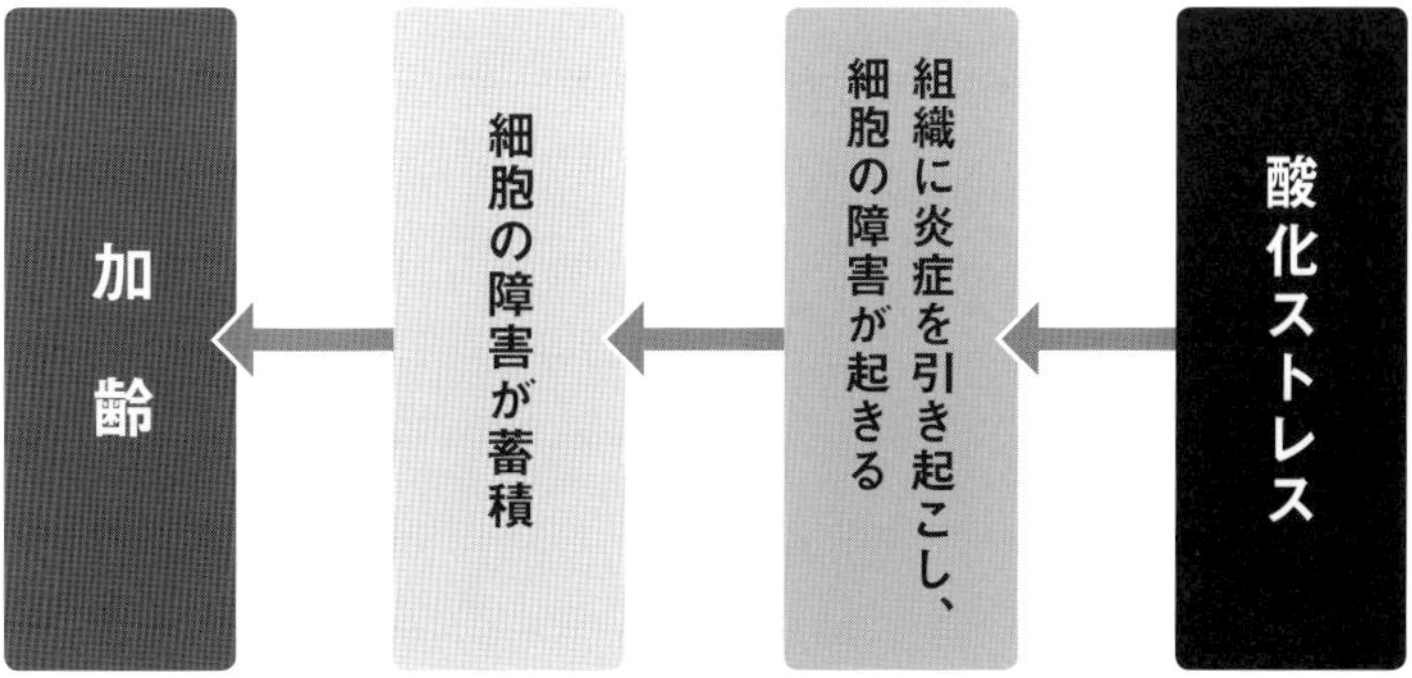

酸化によるストレスが、加齢を引き起こすという仮説が、「酸化ストレス仮説」です。ただし、酸化ストレスは、細胞内のシグナルとしても使われるので、適度な量は必要です。

STEP
04
抗酸化物質を含む食品

抗酸化作用の働き

生活習慣をどれだけ改善できたとしても、活性酸素は体内で必ず発生します。適度な量は必要ですので、過剰を防ぐことが重要です。活性酸素発生を抑制したり、除去してくれる抗酸化物質を食品から摂り入れて過剰を防ぎましょう。抗酸化物質には、

①活性酸素の発生を防ぐ
②他の物質と酸素の結びつきを弱め、酸化しにくくする
③酸化生成物を無毒化する
④損傷した細胞を修復する

という4つの働きがあります。つまり抗酸化作用のある食品を摂り入れることで、体内の酸化を防ぎ、疲れにくく、長く走れるカラダを作ることができるのです。毎日の食事でしっかり食べることが理想ですが、特にハードな練習をした日は活性酸素が発生しやすいため、積極的に摂るよう心がけましょう。

抗酸化物質には、アスタキサンチン、カプサンチン、リコピン、βクリプトキサンチン、βカロテン（ビタミンA）、ルテインなどを総称したカロテノイド群の他に、ビタミンC、ビタミンE、ポリフェノール、アリシン、セサミンなどがあります。これらは互いに作用し合いながら、抗酸化機能を発揮します。

115～119ページで具体的な食材を紹介していますが、これを見ると抗酸化物質はカラフルな食材に多く含まれていることがわかります。自炊の際にどんな食材を選ぶべきか迷った時は、色の濃い野菜や果物を意識的に摂り入れるとよいでしょう。

普段コンビニ食が多いという方は、おにぎりの具材を鮭や梅干しにする、もしくは鮭弁当を選ぶ、間食はアーモンドやカットフルーツにする、飲み物はジュースではなくカテキンを含む緑茶にするなど、選ぶものを変えてみましょう。

活性酸素除去食材

アスタキサンチン

主にカニやエビなどの甲殻類、鮭などの魚介類に含まれる赤い色素成分です。川を上る鮭の体内では多くの活性酸素が発生するため、筋肉に多くのアスタキサンチンを蓄えています。また、紫外線のダメージを防ぎます。

リコピン

赤い色素成分であるリコピンは、トマトやスイカ、柿、ピンクグレープフルーツなどの赤い植物性食品に含まれます。βカロテンやビタミンEにも勝る強力な抗酸化作用が期待されています。

カプサンチン

植物に含まれる色素成分で赤とうがらしや赤ピーマンなどに含まれます。リコピンと同じくらいの抗酸化作用があり、動脈硬化や老化を予防する働きがあります。トウガラシ等に含まれる、血流を上げる効果のあるカプサイシンとは別の物質です。

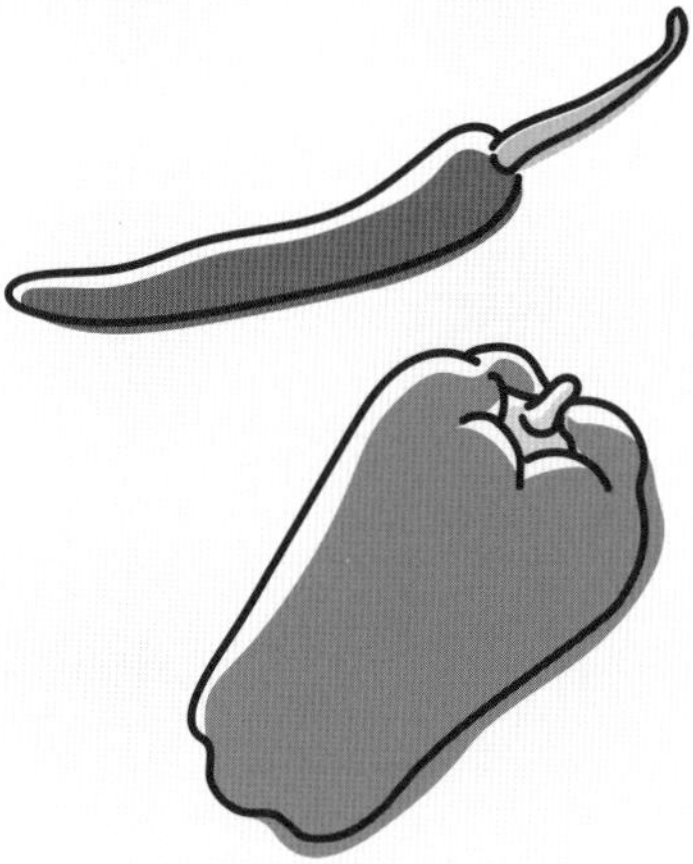

βクリプトキサンチン

みかんやとうもろこしなどに含まれるオレンジ色の色素成分です。発がん性物質から細胞を守ると近年注目されています。最近の研究では様々な生活習慣病の予防や骨の健康に効果があるとされています。

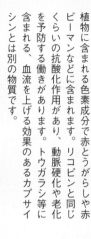

ビタミンA

緑黄色野菜や海藻に含まれる、βカロテンから変換されて生成されます。動物性の食品にはレチノールとして魚介類や卵黄などにも含まれ、レバーには特に豊富です。体内では正常な視覚反応を保ち、健康な皮膚や粘膜を作る働きをします。

ルテイン

ほうれん草やブロッコリーなどの緑黄色野菜や卵黄に含まれる黄色の色素成分です。白内障や加齢黄斑変性のリスクを減らす効果が期待されており、目の健康に関係の深い抗酸化物質です。

ビタミンE

油脂類やアーモンドのような種実類に多く含まれています。また、ウナギなどの魚介類や野菜にも含まれています。紫外線から体を保護したり、赤血球を保護したりする働きがあります。また、血管を拡張して血行をよくします。

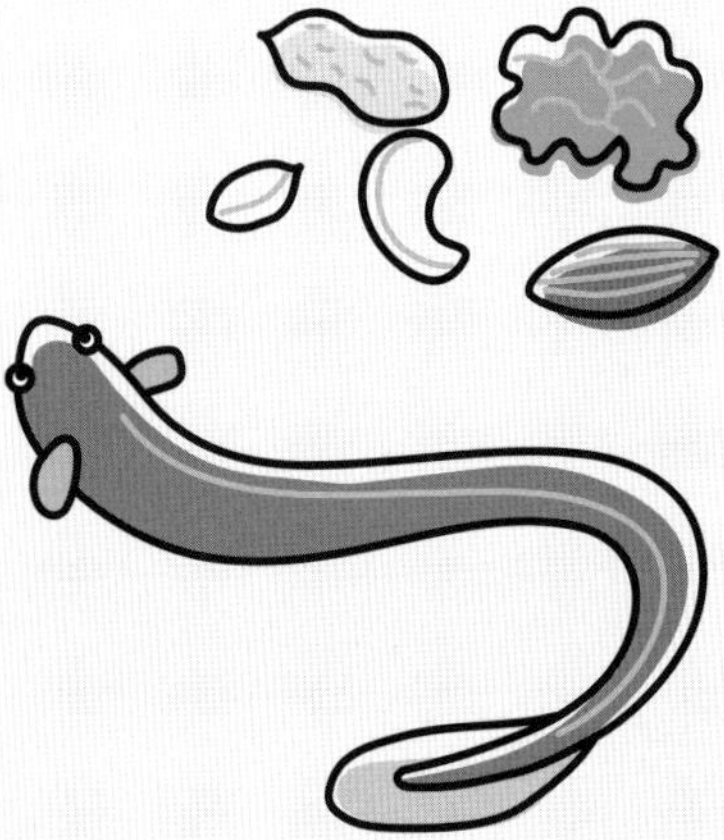

ビタミンC

いちごなどの果物や野菜に多く、動物性食品にはほとんど含まれていません。皮膚、筋肉、血管、骨などを強くします。体内で使われないと排泄される水溶性の抗酸化ビタミンなので、毎日の摂取が望ましいです。

アリシン

にんにくなどに含まれ、独特の香りの元のアイリンからできる成分です。抗菌・抗がん作用も期待されています。油と調理すると分解されにくく、刻んだりつぶしたりすることで効果的に摂取できます。

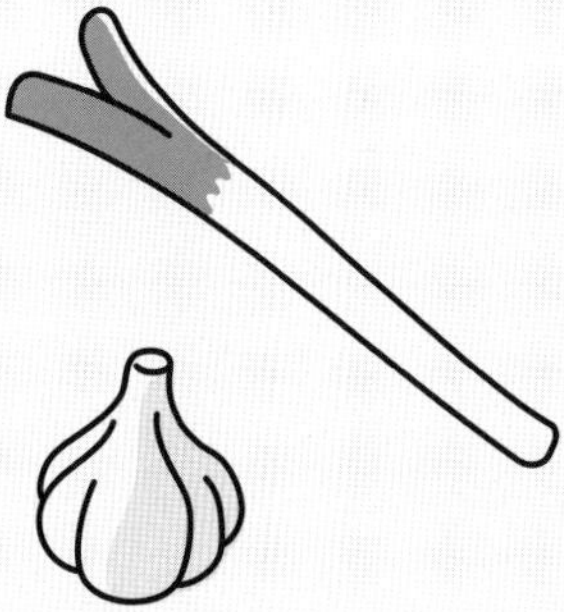

ポリフェノール

野菜や果物に多く含まれる、植物の色素や渋みの成分です。チョコレートやお茶、赤ワインなどでも摂取できます。血液をサラサラにして、動脈硬化や脳卒中などの循環器系疾患を防ぐ効果があります。

セサミン

ごまに含まれ、血液中のコレステロールを下げる効果があります。更年期症状の緩和にも効果が期待されています。

カテキン

お茶やカカオ、渋柿などに含まれます。殺菌・消毒効果があり、細胞や遺伝子の損傷を防いでくれます。

アントシアニン

ブルーベリーやワインなどに含まれます。視覚機能改善効果が有名ですが、内臓脂肪の蓄積を抑える効果もあります。

クルクミン

ウコンなどに含まれます。肝機能改善や炎症抑制効果のほか、近年は、さらなる研究が進められています。

STEP

05

抗酸化物質を効果的に摂り入れる工夫

脂溶性と水溶性の特性を理解して調理する

より効果的に抗酸化物質を摂取するために、成分の特性を理解しておきましょう。抗酸化物質は脂溶性と水溶性の大きく2種類に分けられます。前のページで紹介した食品のうち脂溶性の物質は、ビタミンA、リコピン、アスタキサンチン、ルテイン、βクリプトキサンチン、カプサイシン、ビタミンE。水溶性はビタミンCとアリシンです。セサミン、カテキン、アントシアニン、クルクミンといったポリフェノール類は水溶性と脂溶性の中間の構造をしている抗酸化物質となります。

脂溶性物質は油に溶け出すため、油を使って炒めたり、ドレッシングをかけるなど油脂と一緒に摂取することで体内への吸収率が上がります。中でもごま油やこめ油は油自体の抗酸化力も高く、一緒に摂るとより高い抗酸化力を発揮すると言えるでしょう。ただし、脂溶性の物質は体内で脂肪と一緒に蓄積され、過剰摂取によるカラダへの不調（過剰症）が出る可能性もあります。1日の摂取量を守りましょう。

アスタキサンチンなどのカロテノイドに関しては、使われなかった部分は体外に排出されるので過剰症にはなりませんが、ビタミンA、ビタミンEは摂り過ぎると肝機能障害や骨粗しょう症のリスクが増加する恐れもあります。ビタミンAは男性850μgRAE・女性650μgRAE、ビタミンEは男性6.5mg・女性6mgが摂取目安量になるので、覚えておきましょう。

水溶性のビタミンCやアリシンは水に溶け出すため、栄養が溶け出した汁ごと飲めるスープがオススメ。野菜は外敵から身を守るために皮が強化されており、この皮に高い抗酸化物質が含まれています。そのため、綺麗に洗って皮ごとスープやスムージーにすると、より高い抗酸化力を得ることができます。

活性酸素とは?

■脂溶性と水溶性の調理のコツ

水溶性の抗酸化物質

ビタミン C、アリシン

↓

汁ごと、皮ごと摂取

↓

スープ、スムージー

①水溶性のビタミン C が含まれるパプリカやアリシンを含むネギ等は、スープにして飲むとよいでしょう。

②皮に水溶性のビタミン C が含まれる果物や野菜は、綺麗に洗った上で、皮ごと絞ってスムージーにしましょう。

脂溶性の抗酸化物質

ビタミンA、リコピン、アスタキサンチン、ルテイン、βクリプトキサンチン、カプサイシン、ビタミンE

↓

油と一緒に摂取

↓

炒め物、ドレッシング

脂溶性の抗酸化物質を含む野菜を抗酸化力の高いごま油で炒めて食べれば、抗酸化効果もダブルになります。

STEP

06

優れた抗酸化力を持つアスタキサンチン

能力はビタミンCの6000倍

抗酸化作用を持つ成分の中でも、そのパワーが秀でていることで近年注目されているのが、魚類や甲殻類などに含まれる天然色素の1つ、アスタキサンチンです。

私たちの体内には様々な活性酸素があり、それらを抗酸化成分が無毒化するのですが、一重項酸素という活性酸素については体内で無毒化できず、外から摂取した抗酸化成分に頼らざるを得ません。左ページのグラフは代表的な抗酸化成分の一重項酸素消去力を示したものです。これによるとアスタキサンチンはβ-カロテンの5倍、コエンザイムQ10の800倍、ビタミンCと比較すると実に6000倍もの消去力を持っており、実力のほどが伺えます。

アスタキサンチンが抗酸化力に優れている理由は、私たちの細胞内での働き方の違いにあります。細胞は細胞膜という二重の膜で覆われていますが、他の抗酸化成分の多くが細胞膜の中か外にしか存在できないのに対し、アスタキサンチンは細胞膜を貫通する形で存在できます。それゆえ、細胞全体を守る力に優れており、酸化に抗えるのです。

また、アスタキサンチンは疲労回復効果も期待できます。アスタキサンチンを摂取すると、運動のエネルギー源として脂肪が優先的に使われ、筋グリコーゲンなどの糖の利用が抑えられます。これにより長時間の運動でも筋収縮が正常に行われるため、筋疲労が防げると同時に、糖が枯渇しないことで疲労物質の発生も抑えられるのです。

どの程度のアスタキサンチンを摂れば抗酸化力が高まるか気になるところですが、いくつかの研究結果から1日6㎎の摂取が理想とされています。しかし、この摂取量を食事だけで補うのは意外と難しく、鮭だと6切れ程度、たらこだと6個程度、イクラだとどんぶり2杯程度も食べないといけません。これでは現実的ではないので、サプリメントで摂ることをおすすめします。効率的に摂取し、抗酸化力と疲労回復力を高めましょう。

アスタキサンチンのここがすごい

■1日の理想の摂取量

鮭6切れ

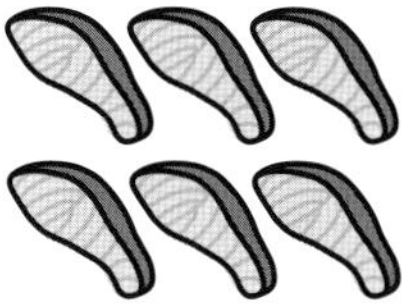

イクラどんぶり2杯

たらこ6腹

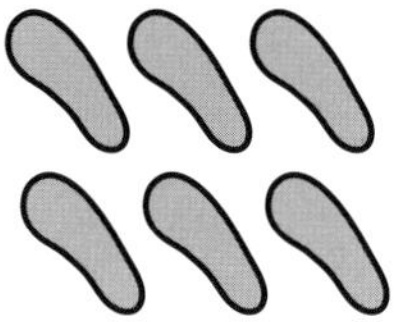

■アスタキサンチンの一重項酸素に対する抗酸化力

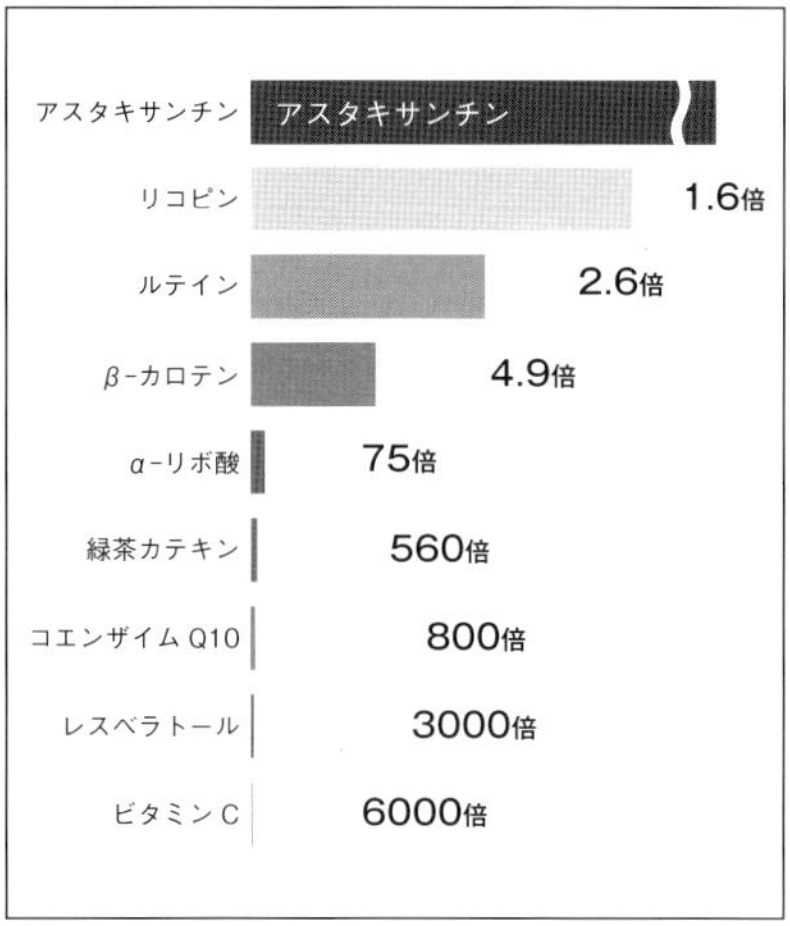

出典：Nishida Y,et al.,（2007）.Carot Sci.11:16-20. より改変

■アスタキサンチンのサプリメント

私（鏑木）は、38歳くらいの時、ガクッと体力の衰えを自覚し、記録も伸びずに悩んでいました。しかし気持ちを切り替え、トレーニング法や食生活の改善に加え、サプリメントを積極的に取り入れることにしました。

それまではアミノ酸程度だったのですが、筋肉疲労を抑制するアスタキサンチンを飲み始めて3ヶ月、練習量は変わらないのに体脂肪が落ち、トレイルランに必要な「上りの筋力」が徐々に回復してきました。また、疲れを翌日に持ち越さなくなりました。

アスタキサンチンは「僕はまだ世界で戦える」という自信を取り戻させてくれたのです。

アスタビータ e
アスタキサンチンと太陽の光をたっぷり浴びて育ったパーム椰子から抽出した天然成分トコトリエノールを独自に配合したサプリメント。

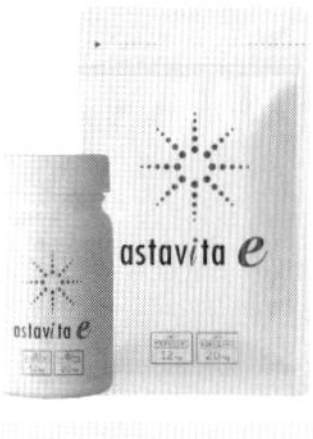

アスタビータ スポーツ
アスタキサンチンが初期段階から働き、カラダのダメージに対応。トコトリエノールとカラダを守る体内酵素の生成に欠かせない亜鉛を加え、リカバリーしやすいカラダを作る。

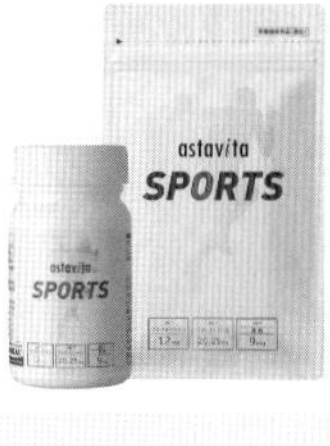

●必須アミノ酸を含む食材

必須アミノ酸	食材
バリン	牛肉、レバー、クロマグロ、チーズ、スキムミルク、豆腐
ロイシン	鶏むね肉、カツオ、牛乳、ハム、カッテージチーズ
イソロイシン	鶏肉、豚ロース赤身、鮭、クロマグロ、牛乳、プロセスチーズ
スレオニン	鶏むね肉、クロマグロ、鶏卵、ゼラチン、ドライミルク
メチオニン	鶏むね肉、クロマグロ、豚ロース赤身、牛乳、小麦全粒粉、レバー
フェニルアラニン	肉類、牛レバー、魚介類、アーモンド、大豆、大豆製品
トリプトファン	カツオ、豚・牛レバー、落花生、バナナ、卵黄、牛乳、大豆、大豆製品
リジン	肉類、魚介類、牛乳、チーズ、レバー、豆類
ヒスチジン	鶏肉、カツオ、クロマグロ、イワシ、ハム、ドライミルク、チェダーチーズ

●脂肪酸を含む様々な食材

脂肪酸	食材
酪酸	バター、チーズ、ビスケット、アイスクリーム、キャラメル、ヨーグルト
ラウリン酸	パーム核油、やし油、ココナッツ、バター
パルミチン酸	パーム油、牛脂、ラード、バター、豚肉、牛肉
ステアリン酸	牛肉、牛脂、ラード、豚肉、チョコレート、フォアグラ、ナッツ
ミリスチン酸	やし油、パーム油、くじら、ココナッツ、バター、チーズ
オレイン酸	マカダミアナッツ、アーモンド、カシューナッツ、豚肉、鶏肉、牛肉、枝豆、ピーマン、とうもろこし、油揚げ、高野豆腐
γリノレン酸	シソ油、エゴマ油、イワシ、アジ、サバ、カツオ、マグロ、鮭、サンマ
リノール酸	サフラワー油、ひまわり油、綿実油、とうもろこし油、大豆油、ラー油、くるみ、ごま油
アラキドン酸	レバー、魚卵、イカ、タコ、鶏卵、魚肉ソーセージ、ちくわ、かまぼこ
αリノレン酸	えごま、栗、亜麻の種、くるみ、マヨネーズ、えごま油、亜麻仁油、なたね油、くるみ油
DHA（ドコサヘキサエン酸）	マグロ、ブリ、サンマ、サバ、うなぎ、アジ、魚各種の缶詰
EPA（エイコサペンタエン酸）	マイワシ、マグロ、ブリ、サンマ、あん肝、すじこ、イクラ

「低糖生活」におすすめの食材一覧

●抗酸化物質を含む食材

抗酸化物質	食材
アスタキサンチン	桜エビ、オキアミ、紅鮭、イクラ、金目鯛、毛ガニ、キングサーモン、甘エビ、すじこ、クルマエビ、白鮭、銀鮭
リコピン	トマト、ミニトマト、スイカ、柿、ケチャップ、にんじん、パプリカ、ローズヒップ、グレープフルーツ
カプサンチン	赤ピーマン、パプリカ、とうがらし
βクリプトキサンチン	みかん、とうもろこし、はっさく、パパイヤ、柿、ネーブル、赤ピーマン
ビタミン A	レバー、うなぎの蒲焼き、銀ダラ、ホタルイカ、たまご、ほうれんそう、にら、パセリ、海苔、わかめ
ルティン	かぼちゃ、いんげん、ブロッコリー、ほうれんそう、ケール、レタス、グリーンピース
ビタミン E	鮎、アーモンド、オリーブオイル、モロヘイヤ、あん肝、たらこ、キャビア、落花生、梅、アボカド
ビタミン C	パプリカ、パセリ、ゴーヤ、ピーマン、レッドキャベツ、柚子、レモン、キウイ、いちご
アリシン	長ネギ、にんにく、ニラ、タマネギ、らっきょう
セサミン	ゴマ、米、麦
アントシアニン	赤ワイン、ブルーベリー、ぶどう、ナス、黒豆、赤シソ、サツマイモ、小豆
クルクミン	ウコン、ショウガ、マスタード、カレー
カテキン	しぶ柿、りんご、カカオ、ぶどう、いちご、ブルーベリー、金時豆、コーヒー、ココア、ほうじ茶、煎茶

●低糖質の食材

種別	食材
肉類	牛肩ロース、牛ヒレ、牛ひき肉、豚ロース、豚ヒレ、豚ひき肉、ロースハム、ベーコン、ウィンナーソーセージ、鶏むね肉、鶏もも肉、鶏ひき肉
魚介類	アジ、マグロ、アサリ、カキ、エビ、タコ、しらす干し、かまぼこ
乳製品	チーズ、無糖ヨーグルト
缶詰	魚の水煮缶（サバやイワシなど）、まぐろツナ缶
調味料・オイル	濃口ちょうゆ、豆味噌、油類、無塩バター
その他	鶏卵、煎りくるみ、アーモンド、煎りごま、木綿豆腐、絹ごし豆腐、油揚げ、納豆

自分の体型を知ろう

●自分の体型を確認

身長＿＿＿＿＿cm

体重＿＿＿＿＿kg

腹囲＿＿＿＿＿cm

立った状態でヘソ回りを計測してください

●BMIを計算する

BMI(kg/㎡)＝体重(kg)÷身長(m)^2

[　　]kg/㎡ ＝ [　　]kg ÷ [　　]m ÷ [　　]m

●肥満度の判定基準

肥満度	BMI
低体重（やせ）	18.5 未満
普通体重	18.5 以上 25 未満
肥満（1度）	25 以上 30 未満
肥満（2度）	30 以上 35 未満
肥満（3度）	35 以上 40 未満
肥満（4度）	40 以上

（肥満（3度）・肥満（4度）：高度肥満）

●基準体重の計算式

基準体重(kg)＝身長(m)^2 × 22(BMI)

[　　]kg ＝ [　　]m × [　　]m × 22

アスリートのための目標の糖分摂取量を知ろう

＼実際にやってみよう!／

1日のエネルギー量を算出（タイプAの場合）

体重[　　]kg　体脂肪率[　　]%

体脂肪量 ＝ [　　（体重）] × [　　（体脂肪率）] ÷ 100

除脂肪量体重 ＝ [　　（体重）] − [　　（体脂肪量）]

基礎代謝量 ＝ 28.5 × [　　（除脂肪量体重）]

1日に必要なエネルギー量 ＝ [　　（基礎代謝量）] × 2.5

目標の糖質摂取量 ＝ [　　（1日に必要なエネルギー量）] × 21 ÷ 4

＝ [　　]g

記入式カラダ&食生活チェックメモ

自分の食事バランスを知ろう

1日分	料理例
主 食	**1つ分**＝ごはん小1杯＝おにぎり1個＝食パン1枚＝ロールパン2個 **1.5つ分**＝ごはん中1杯 **2つ分**＝うどん1杯＝もりそば1杯＝スパゲッティ
副 菜	**1つ分**＝野菜サラダ＝きゅうりとわかめの酢の物＝具だくさん味噌汁＝ほうれん草のおひたし＝ひじきの煮物＝煮豆＝きのこソテー **2つ分**＝野菜の煮物＝野菜炒め＝芋の煮っころがし
主 菜	**1つ分**＝冷や奴＝納豆＝目玉焼き **2つ分**＝焼き魚＝魚の天ぷら＝まぐろといかの刺身 **3つ分**＝ハンバーグステーキ＝豚肉のしょうが焼き＝鶏肉のから揚げ
牛乳・乳製品	**1つ分**＝牛乳コップ半分＝チーズ1かけ＝スライスチーズ1枚＝ヨーグルト1パック **2つ分**＝牛乳びん1本
果 物	**1つ分**＝みかん1個＝りんご半分＝かき1個＝なし半分＝ぶどう半分＝もも1個

種別	料 理	主食	副菜	主菜	牛乳・乳製品	果物
朝						
昼						
夕						
間食						
計						

枠の中にある料理例を参考に、自分が食べた量を「つ」で換算してみましょう。それぞれの分類で、「つ」が何個になったか、記録してみてください。

できるだけ ↓ 近づけよう

男 性	エネルギー	主 食	副 菜	主 菜	牛乳・乳製品	果 物	女 性
6〜9歳 70歳以上 身体活動量低い	1400〜2000kcal	4〜5つ	5〜6つ	3〜4つ	2つ	2つ	6〜11歳 70歳以上 12〜17歳 18〜69歳 身体活動量低い
70歳以上 身体活動量普通以上 10〜11歳 12〜17歳 18〜69歳 身体活動量低い	2200±200kcal	5〜7つ	5〜6つ	3〜5つ	2つ	2つ	12〜17歳 18〜69歳 身体活動量普通以上
12〜17歳 18〜69歳 身体活動量普通以上	2400〜3000kcal	6〜8つ	6〜7つ	4〜6つ	2〜3つ	2〜3つ	

※身体活動量「低い」→一日中座っていることがほとんど　「普通以上」→「低い」に該当しない人

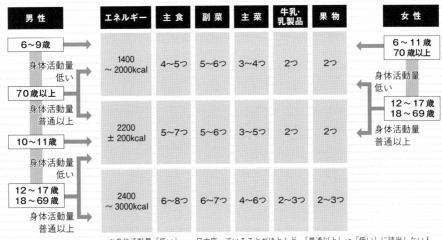

おわりに

いつまでも健康に、走り続けるために

私は、食事で人々の健康支援をしたいと思い、「予防医学」の考え方を中心に「抗酸化・抗加齢」「スポーツと栄養」などの研究をしております。また、スポーツ栄養学非常勤講師として、柔道整復師、スポーツインストラクターを目指す学生のみなさまへ、運動における食事の重要性について講義も担当させていただいています。今回、トレイルランナーの鏑木毅さんからお声をかけていただき、本書の執筆に関わらせていただきました。私の研究分野と、鏑木さんが長く実践されてきた食生活が、見事にリンクしていることに驚きました。今回は、鏑木さんのような持久系トレーニングを行うにあたって、糖質だけに頼ったエネルギー産生ではなく脂質も効率良く燃焼できる身体をつくることを目的として、低糖質を中心に執筆させていただきました。しかし、瞬発系の運動など、パフォーマンスの向上に糖質が重要な鍵となる種目もあります。運動時間やトレーニングの期分け等により、必要な栄養素は変化します。トレーニングに適した食生活を意識することで、鏑木さんのように、長い距離を、速く、いつまでも走り続けるこ

とができるのです。このように、全ランナーの夢を体現してくれている存在がいること、これは大変喜ばしいことです。いえ、ランナーだけではありません。人々の健康支援に携わる方々および研究者にとっても、大変うれしいことなのです。

日本では、ランニングブームが定着しマラソンを楽しむ方々が増え、「いつまでも走り続けたい」という声が多く聞かれるようになりました。ただし、エネルギーを消費する運動であればあるほど、活性酸素の発生も増加する可能性が高いのです。何の対策もしないと、身体が酸化して老化を早めてしまいます。抗酸化栄養素の含まれる食材を意識的に摂取し老化に抗うことで、楽しく健康に走れると思っています。無理は禁物です。くれぐれも、ご自身の状況に合った無理のないランニングを心がけてください。

ランニングの楽しさに気づき、レースのタイムもどんどんよくなってくる。そんなワクワクする気持ちを、いつまでも持ち続けたいと思いませんか?　本書の提唱する「低糖質」「抗酸化」のランニングを実践すれば、夢ではありません。

2016年10月

菊地　恵観子

参考文献・ホームページ

【文献】

『アスリートのための栄養・食事ガイド』　小林修平／樋口満編著　第一出版

『からだにおいしい あたらしい栄養学』　吉田企世子・松田早苗監修　高橋書店

『新版 コンディショニングのスポーツ栄養学

（体育・スポーツ・健康科学テキストブックシリーズ）』　樋口満編著　市村出版

『極限のトレイルラン アルプス激走 100 マイル』　鏑木毅著　新潮社

『体育・スポーツ指導者と学生のためのスポーツ栄養学』　田口素子・樋口満編著　市村出版

『「走る」ための食べ方』　村野あずさ著　実務教育出版

【ホームページ】

●アスリートのためのアスタキサンチン情報サイト（アスタリール株式会社）

http://astaxanthin-athlete.com/

●農林水産省「食事バランスガイド」

http://www.maff.go.jp/j/balance_guide/

●厚生労働省 e- ヘルスネット「快眠と生活習慣」

https://www.e-healthnet.mhlw.go.jp/information/heart/k-01-004.html

● ILS 株式会社

http://www.ils.co.jp/seihin/hem.html

●日本体育協会　「熱中症予防のための運動指針」

http://www.japan-sports.or.jp/Portals/0/data0/publish/pdf/part2.pdf

著者プロフィール

鏑木 毅（かぶらき・つよし）

日本のトレイルランナーの第一人者。2009 年世界最高峰のウルトラトレイルレース「ウルトラトレイル・デュ・モンブラン（通称 UTMB、走距離 166km)」にて世界3位。同年、全米最高峰のトレイルレース「ウエスタンステイツ 100 マイルズ」で準優勝など、48 歳となる現在も糖質制限を導入して世界レベルのトレイルランニングレースで常に上位入賞を果たしている。2011 年に観光庁スポーツ観光マイスターに任命される。現在は競技者の傍ら、講演会、講習会、レースディレクターなど国内でのトレイルランニングの普及にも力を注ぐ。主な著書は『極限のトレイルラン』（新潮社)、『鏑木毅トレイルランニング トレーニング BOOK』（日東書院）など。

菊地恵観子（きくち・えみこ）

学術博士。2008 年から予防医学に関する研究を始め、2014 年から東海大学医学部でのアンチエイジング、抗酸化栄養素、運動機能と食事を中心とした研究に従事。2016 年、共立女子大学大学院博士課程修了。現在は、株式会社テクノプロ テクノプロ・R&D 社でバイオ・ケミカルにおける研究員の採用およびサポートを仕事としながら、東海大学医学部健康管理学研究員、東日本医療専門学校スポーツ栄養学非常勤講師、その他多方面において予防医学に関する活動を展開。

あなたの“走り”はまだまだ進化する!

低糖質&抗酸化ランニングのすすめ

2016年11月25日 初版第1刷発行
2017年 2 月20日 初版第4刷発行

編集協力　ナイスク（naisg.com）
松尾里央（ナイスク）　石川守延（ナイスク）
黒澤祐美　黒田創
装　丁　西垂水敦（krran）
本文デザイン　工藤政太郎（ナイスク）
D T P　株式会社 RUHIA
撮　影　魚住貴弘
イラスト　高橋なおみ
カバーイラスト提供　EASTNINE/ アフロ

著　者：鏑木毅・菊地恵観子
発行者：小山隆之
発行所：株式会社 実務教育出版
〒163-8671　東京都新宿区新宿 1-1-12
電　話：03-3355-1812（編集）　03-3355-1951（販売）
振　替：00160-0-78270
印　刷：シナノ印刷
製　本：東京美術紙工

ISBN978-4-7889-1039-3　C0075